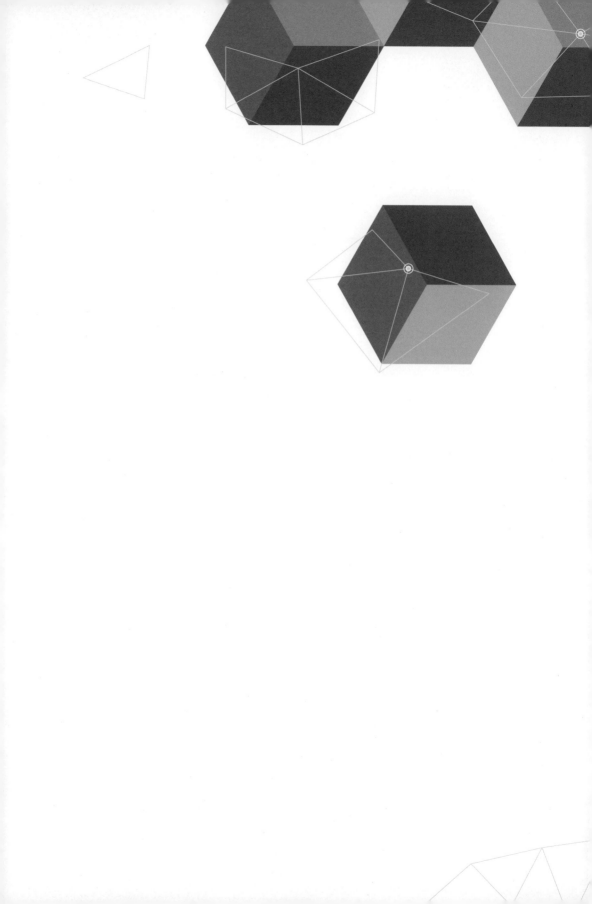

国家出版基金项目
NATIONAL PUBLICATION FOUNDATION

智能城市建设与大数据战略研究丛书
Strategic Research on Construction
and Big Data of iCity

智能城市建设
大数据
战略研究

智能城市建设与大数据战略研究项目组 编

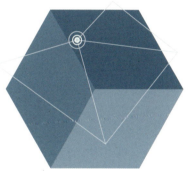

ZHEJIANG UNIVERSITY PRESS
浙江大学出版社

图书在版编目（CIP）数据

智能城市建设大数据战略研究 / 智能城市建设与大
数据战略研究项目组编. — 杭州 ： 浙江大学出版社，
2018.12

（智能城市建设与大数据战略研究丛书）

ISBN 978-7-308-18634-6

Ⅰ．①智… Ⅱ．①智… Ⅲ．①互联网络－应用－现代
化城市－城市建设－研究－宁波 Ⅳ．①C912.81-39

中国版本图书馆CIP数据核字(2018)第214377号

智能城市建设大数据战略研究

智能城市建设与大数据战略研究项目组　编

出 品 人	鲁东明
策 　 划	徐有智　许佳颖
责任编辑	候鉴峰　寿勤文
责任校对	仲亚萍
装帧设计	程　晨
出版发行	浙江大学出版社
	（杭州市天目山路148号　邮政编码　310007）
	（网址：http://www.zjupress.com）
排 　 版	杭州林智广告有限公司
印 　 刷	浙江新华数码印务有限公司
开 　 本	710mm×1000mm　1/16
印 　 张	12.5
字 　 数	185千
版 印 次	2018年12月第1版　2018年12月第1次印刷
书 　 号	ISBN 978-7-308-18634-6
定 　 价	98.00元

"智能城市建设与大数据战略研究"
项目综合组成员

项目顾问

徐匡迪	中国工程院	第十届全国政协副主席、工程院主席团名誉主席、院士
周 济	中国工程院	院长、院士

项目组组长

潘云鹤	中国工程院	院 士

项目组副组长

刘韵洁	中国联合通信有限公司	院 士
吴 澄	清华大学	院 士
李国杰	中国科学院计算技术研究所	院 士
吴曼青	中国电子科技集团公司	院 士
宁津生	武汉大学	院 士

项目组成员

高 文	北京大学	院 士
李伯虎	中国航天科工集团第二研究院	院 士
孙优贤	浙江大学	院 士
王天然	中国科学院沈阳自动化研究所	院 士

徐扬生	香港中文大学（深圳）	院 士
李兰娟	浙江大学附属第一医院	院 士
沈昌祥	海军计算技术研究所	院 士
郑南宁	西安交通大学	院 士
谭建荣	浙江大学	院 士
李仁涵	中国工程院	局长、研究员级高级工程师
吴志强	同济大学	副校长、教授

项目执笔组成员

李仁涵	中国工程院	局长、研究员级高级工程师
田 沄	北京师范大学	副教授
洪学海	中国科学院计算技术研究所	研究员
顾新建	浙江大学	教 授
闫 利	武汉大学	教 授
顾德道	宁波智慧城市研究院	院 长
安 达	中国电子科学研究院	副主任
刘晓龙	中国工程院战略咨询中心	副处长
梁智昊	中国电子科学研究院	高级工程师
范灵俊	中国科学院计算技术研究所	博 士
章蔚君	上海同济城市规划设计研究院	规划师
李梦男	中国电子科学研究院	工程师
华 岗	宁波智慧城市研究院	副研究员

项目办公室成员

李仁涵	中国工程院	局长、研究员级高级工程师
洪学海	中国科学院计算技术研究所	研究员
顾新建	浙江大学	教　授
闫　利	武汉大学	教　授
安　达	中国电子科学研究院	副主任
张　松	中国工程院办公厅	副处长
范桂梅	中国工程院三局	副处长
刘晓龙	中国工程院战略咨询中心	副处长
陈　磊	中国工程院战略咨询中心	工程师

注：以上信息按项目结题时间为准。

序

      "智能城市建设与大数据战略研究丛书"是继"中国智能城市建设与推进战略研究丛书"出版后的第二套丛书。该丛书是由来自高校、科研院所、企业、政府的近 20 位院士及近百位专家、学者，经过三年多的深入调查、研究与分析，在中国工程院"智能城市建设与大数据战略研究"重大咨询研究项目和"宁波城市大数据研究"重点咨询研究项目研究成果的基础上，按照出版要求修改后正式出版的。这套丛书共分 4 卷，其中综合卷 1 卷，分卷 3 卷，由浙江大学出版社陆续出版。综合卷主要围绕我国在未来城市智能化过程中，如何利用城市大数据开展具有中国特色的智能城市建设与推进进行系统论述；分卷分别从智能城市产业发展与大数据、智能城市规划建设与大数据以及宁波城市大数据三方面进行论述。

      总体来看，我认为在项目组组长潘云鹤院士的领导下，"智能城市建设与大数据战略研究"项目取得了一些重要进展，其具体成果主要有以下几个方面。

      城市的出现是人类从农耕文明走向工业文明和信息社会的标志，也是人类集群生活的高级形式。城市给人类带来了丰富的物质财富和精神财富，在社会经济发展中的地位日益突出。然而随着城镇化的快速推进和人们对美好生活的追求的演变，城市已经从过去的二元空间升级为现在的三元空间，即从物理空间、人类社会空间转变为物理空间、人类社会空间和赛博空间（cyberspace）。城市智能化的本质就是三元空间的协调发展，而城市大数据是城市智能化的核心和重要抓手，是智能城市建设的战略资源、新工具、新方法和新途径。当今，中国正在成为真正的数据资源大国，在海量的数据资源中，城市大数据占 80% 以上。

城市大数据是指城市的政府、公共机构、企业、个人利用新一代信息技术手段获取和汇聚的各类城市环境资源与设施设备，以及个人与集体等主客体产生的动态及静态数据。城市大数据能够刻画政府服务、民生诉求、城市规划、交通疏导、环境监测、健康医疗、能源消耗、经济运行、城市安全与应急响应等领域的情况。除具有数据体量大、数据类型多、价值密度低、处理速度快以及不确定性、随机性特征外，城市大数据还有其特殊性：层次性、完整性和关联性。层次性反映了城市物理系统和社会系统组织的层次性；完整性反映了城市大数据日益完备的揭示城市整体发展规律的能力；关联性反映了城市大数据不仅可用来做相互印证，还可用来做协同推理与规律挖掘。

随着我国城市大数据的发展，融合不同部门、不同领域的数据，能够在城市规划、城市经济、城市管理等领域产生大量创新应用，有利于突破当前智能城市发展的瓶颈和完成当前智能城市发展的任务。可以预见，未来从政府决策与服务，到人们的生活方式，再到城市的产业布局和规划，以及城市的运营和管理方式，都将在大数据的支撑下走向智能化。城市大数据的出现，使人类首次能够对城市的复杂巨系统进行全面实时的描述，但是描述能够精确到什么程度，关键取决于对人工智能技术的利用程度。

智能城市大数据基础设施体系从宏观层面上指明了发展城市大数据所包含的基础支撑体系、应用体系、产业体系、指数体系、运维保障体系和安全保障体系这六大体系的主要功能和设计思想。尽管每个城市都有自己的特色，但城市大数据基础设施体系的基本功能是相同的。

2016 年，国民经济和社会发展"十三五"规划纲要明确提出要"建设一批新型示范性智慧城市"。新型智慧城市作为智慧城市发展的新阶段，其本质和智能城市是一致的。我认为，"智能城市建设与大数据战略研究丛书"内容丰富、观点鲜明，所提出的架构体系、发展路线图和措施建议合理、可行，对于我国新型智慧城市和大数据的发展具有重要的理论意义和实践价值。

　　我衷心期待着城市大数据的发展能进一步推动我国经济社会的发展和城市文明的进步，助力"中国梦"早日实现！

　　是以为序！

徐匡迪

2018 年 5 月

前　言

自 2008 年 IBM 公司提出"智慧地球"概念以来，有关"智慧城市"的建设便得到了欧美发达国家的高度重视，它们纷纷出台政策和措施助推"智慧城市"发展。与此同时，我国也在加紧"智慧城市"的布局和建设。截至 2015 年底，我国建设的"智慧城市"数量已经达到了 386 个，其中省级和副省级城市的智慧城市建设比例达到 100%。

不同国家由于发展程度的差异，其"智慧城市"建设的内涵也不同。当前欧美国家已走过了大规模城镇化和工业化的时代，已不再需要大规模的基础设施建设，其开展的"智慧城市"建设主要集中在信息化领域。而我国则处于工业化、城镇化和信息化相融合的阶段，需要通过发展产业来引领城镇化的发展。因此，我国的智慧城市发展应该在"智能"上下功夫，"智能城市"更适合表述具有中国特色的城市智能化发展。对于带有农村的中国广大城市而言，建设"智能城市"，不仅仅是云计算、大数据、物联网等技术的集成运用，还意味着工业化、城镇化、信息化、农业现代化、绿色化"五化"有机融合发展。

2013 年 1 月，由德国鲍姆公司（Bundesdeutscher Arbeitskreis für Umweltbewusstes Management e.V., B.A.U.M.e.V）和埃森哲（Accenture）共同发布的《智能城市——通往可持续、高效、宜居城市之路》指出，智能城市不仅注意环境和气候，而且还关注城市的流动性、经济、资源、土地使用、市民消费模式和生活质量，同时涉及城市相互孤立角色的关系网络与交互、城市创造力与竞争力等。城市的智能发展必须确保城市的智能发展基于更高的透明度和可靠性，使其灵活地适应不断变化的需求。

中国工程院在前期"中国智能城市建设与推进战略研究"成果的基础上，于 2014 年 2 月启动了"智能城市建设与大数据战略研究"重大咨询研究项目。自项目开展以来，来自高校、科研院所、企业、政府的近 20 位院士及近百位专家、学者积极投身于该项目的研究。该项目分设了智能城市产业发展与大数据、智能城市规划建设与大数据、宁波城市大数据 3 个课题组，研究内容分别包括大数据在城市产业发展中的应用、大数据在城市规划中的应用、大数据在宁波的应用等。另外，项目还设有 1 个综合组，其主要任务是在 3 个课题组的研究成果的基础上，综合凝练形成"智能城市建设与大数据战略研究丛书"综合卷。

三年多来，研究团队深入调查、研究与分析，在项目实施过程中重点对宁波城市大数据进行了剖析，形成了一些研究成果和研究综合报告。研究中，我们提出了城市大数据是城市智能化的核心和重要抓手，是智能城市建设的战略资源、新工具、新方法和新途径；明确了融合不同部门、不同领域的城市大数据的创新应用是突破城市智能化瓶颈的关键；构建并提出了智能城市大数据基础设施体系和设计思想。

中国正在成为真正的数据资源大国，在海量的数据资源中，城市大数据占 80% 以上。当前，中国工业化与城市化的环境和政府结构非常有利于发展智能城市大数据。诺贝尔奖获得者约瑟夫·斯蒂格利茨曾说，在 21 世纪初期，影响世界最大的两件事，一是美国的新技术革命，二是中国的城市化。当新技术革命和城市化同时在中国发生，将引起什么变化呢？这或许就是中国的智能城市建设。它将推动 21 世纪中国的城市实现巨大进步，世界对此拭目以待。

目　录

CONTENTS

第2章 智能城市大数据的作用及应用

第3章 宁波城市大数据现状分析

第4章　智能城市大数据关键技术

第5章　智能城市大数据在城市规划建设中的应用

第6章 智能城市大数据在城市安全建设中的应用

第7章 智能城市大数据在城市产业发展中的应用

第9章　智能城市大数据发展路线图

第 10 章 我国智能城市大数据发展建议

第1章

iCity

城市智能化与大数据
发展现状分析

进入信息化时代，人们的生活逐渐从传统的二元空间向三元空间转变。三元空间分别为：①物理空间（P），由城市所处物理环境和城市物质组成；②人类社会空间（H），即人类决策与社会交往空间；③赛博空间（C），即由计算机和互联网组成的网络信息空间。

2008年11月，国际商业机器公司（IBM）提出了"智慧地球"这一概念。2009年1月，美国总统奥巴马公开肯定了IBM的"智慧地球"思路。2012年12月，美国国家情报委员会（National Intelligence Council）发布的《全球趋势2030：变换的世界》指出，对全球经济发展最具影响力的四类技术是信息技术、自动化与制造技术、资源技术和健康技术，其中"智慧城市"是信息技术的组成部分之一。

当前发达国家城市建设的主要任务是信息技术与应用的发展，开展的"智慧城市"建设主要集中在信息化领域。我国现阶段正处在工业化、城镇化、信息化、农业现代化和绿色化同步发展时期，关注城市的智能化发展。信息技术（information technology，IT）企业的目的是销售城市的智能系统，其"智慧城市"的方案重在技术方案，目标是推广公司的解决方案。其解决方案具有明显的商业性，忽略了建设的主体——城市，忽略了城市这个巨系统的复杂性，因此，城市管理者的期望与IT企业建设方案目标存在较大差异。城市管理者的视野重点在于整个城市发展的决策，而非简单的技术解决方案。

基于此，2012年2月，中国工程院启动了"中国智能城市建设与推进战略研究"项目，提出了智能城市（Intelligent City，iCity）的概念，即科学运筹城市三元空间（CPH），巧妙汇聚城市市民、企业和政府智慧，深化调度城市综合资源，优化发展城市经济、建设和管理，持续提高城市发展与市民生活水平，更好地服务市民的当前与未来。简而言之，就是运筹好城市三元空间，提高城市发展与市民生活水平（中国智能城市建设与推进战略研究项目组，2015）。

2013年1月，由德国鲍姆公司（Bundesdeutscher Arbeitskreis für Umweltbewusstes Management e.V.，B.A.U.M. e.V.）和埃森哲（Accenture）共同发布的《智能城市——通往可持续、高效、宜居城市之路》指出，到2030年，世界人口将达到90亿人，约有70%的人口居住在城市区域，城市系统将越来越复杂，城市将面临一系列挑战，如二氧化碳排放增加、城市居民年龄结构改变、资源短缺、生态失调、金融危机等，发展智能城市是应对上述挑战的有效途径。事实上，有关智能城市，还没有一个普遍适用的定义。"智能城市""智慧城市""绿色城市"或"创新之城"等术语的含义有交叉，但也有不同内涵。智能城市不仅注意环境和气候，而且还关注城市的流动性、经济、资源、土地使用、市民消费模式和生活质量，同时涉及城市相互孤立角色的关系网络与交互、城市创造力与竞争力等。该报告对智能城市的定义（见图1-1）是智能城市聚焦于城市转型过程中的关键领域，如城市能源、流动性、规划和治理、经济等，借助信息通信技术（information communications technology，ICT）、公众参与和金融工具等手段，对上述核心领域进行相互融合和关联，使城市向可持续、高效和宜居发展。

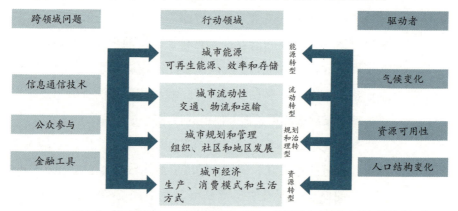

图1-1 《智能城市——通往可持续、高效、宜居城市之路》中的智能城市概念

城市智能化的真正价值在于复合体系（system of systems）的总价值。新技术正在改变价值创造的方式和领域。埃森哲认为，对不同基础设施层级产

生的数据进行整合，以及将城市视为一个统一的复合体系而进行规划和运营，将为智能城市带来远远超过规模经济效益的广泛效益（埃森哲，2015）。

大数据时代悄然改变着人们的生活，大数据为推进城市智能化发展注入了新资源、新动力、新方法、新途径。大数据是城市智能化的核心，加快其发展和应用已成为稳增长、促改革、调结构、惠民生，以及推动政府治理能力现代化的内在需要和必然选择。对大数据的汇聚、深度挖掘和精准分析，将有力支撑教育文化、健康医疗、电子商务、工业制造、现代农业等产业的发展，提升传统产业生产效率和经济效益，同时培育新产业、新消费热点和新服务模式，全面提升全要素生产率，助推经济转型；有助于正确认识和把握城市各层次、各系统的发展规律，辅助城市决策与规划，不断提升城市的智能化公共服务能力；同时，大数据带来的新服务模式和强大的资源分析处理能力，将带动城市产业技术研发体系的创新，推动跨领域、跨行业的融合和协同创新，为"大众创业、万众创新"提供有力支撑，重塑城市竞争优势。

推进城市智能化发展的核心是采用大数据思维和大数据技术，统筹推进城市物理世界的信息化建设，破解条块化造成的"信息墙"界限，使得数据、知识等自由流动，实现对城市物理设施的科学调配，并带动人流、物流、资金流、技术流的合理高效流动，有效解决城市发展与环境、资源、空间等之间的矛盾，逐步建成令市民、企业和政府满意的新型未来城市。

一、国外城市智能化与大数据发展现状

国外城市智能化的发展主要集中在城市治理方面。联合国"全球脉动"计划、美国"大数据"战略、英国"数据权"运动、日本"面向 2020 年的 ICT 综合战略"、韩国"大数据中心战略"等先后开启了大数据战略的篇章，有力推动了城市的智能化发展。

（一）典型国家和地区的城市智能化发展

1. 美　国

2009 年，IBM 提出"智慧地球"概念之后，奥巴马政府积极回应，将

城市智能化建设上升到了国家层面，予以高度重视。美国将位于艾奥瓦州的迪比克市作为第一个"智慧城市"试点建设城市，以此拉开了美国"智慧城市"建设的序幕。美国城市智能化建设以政企合作为基本建设模式，多集中在智能能源建设等几个具体的方面，主要目标是通过对新兴信息技术的创新应用，提高能源利用率，减少环境污染，建设绿色、低碳、可持续的城市生态环境。自 2009 年经济复苏计划提出将 投资 110 亿美元建设可安装各种控制设备的新一代智能电网以来，截至 2014 年底，已有超过 90 亿美元的公共和私人资金投入先进智能电网技术的建设部署中，美国全境已安装 6 500 万个智能仪表，超过电力客户总量的 1/3，电网运行效率、能源效率、资产利用率和可靠性等得到有效改善。除智能电网外，美国城市智能化的集中发力点还包括智能医疗、智能城市安全、智能金融、智能交通等多个领域，且都取得了一定的效果（宋晓明，2015）。

2012 年 3 月，奥巴马政府宣布投资 2 亿美元启动"大数据研究和发展计划"（Big Data Research and Development Initiative），以增强联邦政府收集海量数据、分析萃取信息的能力。以美国科学与技术政策办公室（Office of Science and Technology Policy，OSTP）为首，美国国土安全部、国防部、能源部、国家安全局、国家科学基金会等已经开始与民间企业或大学开展多项与大数据相关的研究开发。美国政府为之拨付超过 2 亿美元的研究开发预算。美国国防部积极部署大数据行动，利用海量数据挖掘高价值情报，提高快速响应能力，实现决策自动化。美国中央情报局利用大数据技术将分析收集到的数据的时间由 63 天缩减到 27 分钟。2012 年 5 月，美国数字政府战略发布，提出要协调所有部门，共同提高收集、储存、保留、管理、分析和共享海量数据所需核心技术的先进性，并形成合力，扩大大数据技术开发和应用所需人才的供给；以信息和客户为中心，改变联邦政府工作方式，为美国民众提供更优的公共服务。2014 年 5 月，白宫发布了《大数据：抓住机遇，保留价值》（"Big Data: Seizing Opportunities, Preserving Values"），其中指出："大数据的爆发带给政府更大的权力，为社会创造出极大的资源。"

2015 年 10 月底，美国国家经济委员会与美国科学与技术政策办公室编写的《美国创新新战略》指出，"智慧城市建设"成为其九大战略领域之一。2015 年，美国总统奥巴马宣布将投入 1.6 亿美元用于"智慧城市"的研发和建设，计划将首先推动物联网应用试验平台建设。2015 年，美国农业部宣布将投资 3.49 亿美元用于 15 个农村电力基础设施项目建设，致力于改善分布在 13 个州的超过 1 844 英里①的输电和配电线路（张凯，2015）。2016 年，美国交通部与 Alphabet 公司旗下的 Sidewalk Labs（人行道实验室）共同宣布了一项名为"Flow"的交通信息平台开发计划，该平台将通过部署于街道上的传感器收集交通信息，并配合 Wi-Fi 电话亭和谷歌旗下地图公司 Waze 的数据，实现对未来"智慧城市"的交通实时监控（卢鑫，2016）；同年 10 月，Sidewalk Labs 和政策组织美国交通运输（Transportation for America）合作，帮助 16 个城市优化交通环境，改善这些城市的公共交通服务，打造美国智慧城市（夏睿，2016）；美国国家科学基金会和国家标准与技术研究院提供资金支持探索智慧市的基础设施建设；美国运输部提供资金支持探索城市安全、能源、气候、交通和健康等方面难题的解决方案。

除政府的引导外，市场力量也是美国加速城市智能化的有力手段。以智能家居为例，它逐步成为美国智能城市投资建设的热门方向。市场研究公司 Statista 的数据显示，2016 年美国智能家居市场规模为 97 亿美元（张山，2016）。

美国通过政策引导和资金支持的方式，不断加强大数据的整合、研究与应用，城市智能化"水到渠成"。

2. 欧　盟

欧盟自 2005 年实施"i2010"战略之后，陆续推出了《信息通信技术研发和创新战略》《欧洲 2020 战略》《欧洲数字化议程》以及"智慧城市和社区的欧洲创新伙伴关系"等一系列战略和规划，资助成员国进行城市智能化建设。

欧盟的开放数据战略以开放数据为核心，以创新、增长和透明治理为

---

① 1 英里约为 1.6 千米。

引擎。欧盟认为，大数据是促进经济增长的重要力量。欧盟委员会 2011 年 12 月的报告指出，欧盟公共机构产生、收集或承担的地理信息、公共资金资助研究项目、数字图书馆等数据资源的全面开放，预计每年会给欧盟带来 400 亿欧元的经济增长。欧盟委员会通过实施数据价值链战略计划，实现数据的最大价值。该计划包括开放数据、云计算、高性能计算和科学知识开放获取四大战略，重点是通过一个以数据为核心的连贯性欧盟生态体系，让数据价值链的不同阶段产生价值。数据价值链即数据的生命周期，包括数据产生、验证到再加工，以及以新的创新产品和服务的形式出现、利用和再利用的过程。数据价值链战略计划遵循的主要原则是：①高质量数据的广泛获得性，包括公共资金资助项目数据的免费获得；②作为数字化单一市场战略的一部分，推动欧盟内数据的自由流动；③寻求个人潜在隐私问题与其数据再利用潜力之间的适当平衡，同时赋予公民以其希望的形式使用自己的数据的权利。该计划的重点是培育一个连贯的欧洲数据生态系统，促进围绕数据的研究和创新工作，采纳数据服务及产品，采取具体行动，改善数据价值提取的框架条件，包括基础能力、基础设备、标准以及有利的政策和法规环境。目前欧盟正在单一战略框架下制定一系列重点行动，以解决数据价值链中与价值创造相关的大量交叉问题。

欧盟委员会已决定将大数据技术列入欧盟未来新兴技术（future and emerging technologies，FET）行动计划，加大技术研发创新资助力度。截至 2016 年底，欧盟委员会公共财政资助支持的大数据技术研发创新重点优先领域主要包括云计算研发战略及其行动计划、未来物联网及其大通量超高速低能耗传输技术研制开发、大型数据集虚拟现实工具新兴技术开发应用、面对大数据人类感知与生理反应的移情同感数据系统研究开发和大数据经验感应仪研制开发等。

欧盟大数据发展特点可概括为：加强研究数据价值链战略因素，重点发展大数据和开放数据领域的研究和创新活动；通过实施开放数据政策，不断促进科研实验成果和数据的使用及再利用。

3. 英　国

2009 年 6 月,英国发布"数字英国"计划,明确提出要将英国打造成世界的"数字之都",并相继启动多个大数据项目,在推动欧洲城市智能化发展方面发挥了重要作用。研究显示,英国政府通过高效使用大数据技术每年可节省约 330 亿英镑行政开支,相当于英国每人每年节省约 500 英镑。早在 2011 年 11 月,英国政府就发布了对公开数据进行研究的战略政策,有意带头建立"英国数据银行"。

2012 年 5 月,英国成立世界上首个非营利性的开放式数据研究所(Open Data Institute,ODI)。它利用互联网技术将全球数据汇总到一个平台上,利用云存储等新兴技术手段达到海量存储的目的。这一平台对于融合来自不同国家、不同行业、不同类型的人们所感兴趣的数据很有价值。

2013 年 10 月,英国发布了《英国数据能力发展战略规划》。该战略系统研究分析了数据能力的定义以及提高数据能力的途径,并提出了举措建议(郭歌,2014)。数据能力主要包含三方面:①人力资本,包括高技术水平的人才队伍,以及了解数据、会使用数据的广大民众;②基础设施、软件的研发能力,包括计算和存储设备、数据工具和数据技术的开发研究等;③数据资产,数据本身的丰富性、可用性和开放性等。为提高这些能力,《英国数据能力发展战略规划》提出了一系列措施:①在人才建设方面,通过大力发展数据相关技术,全面提升和改革教育体系中的数据相关课程和专业研究,以及企业的人才激励和数据相关职业的发展,促进人才的培育;②在基础设施、软件和协同研发方面,以强大的数据存储、云计算、网络等基础设施为基础,大力开发新软件和新技术,提升研发实力,促进学校和企业、跨学科 / 跨领域的机构和部门之间的合作共赢;③重视数据安全和隐私保护,完善法律和制度建设,合理进行数据共享和信息公开。为保障该战略的实施,英国政府还成立了信息经济委员会,作为一个跨企业界、学术界和政府的合作部门,促进英国数据能力战略方针制定。

2013 年,英国启动了医疗健康大数据旗舰平台 care.data 项目。该平台集中了最详尽的数据,包括全英国的家庭医生和医院记录的病历,以及社会服务信息；数据将用于除"直接医疗"（direct care）之外的目的。英国国家医疗服务体系（National Health Service，NHS）计划通过数据资源的统一归口、共享、分析，认识公共卫生和疾病的发展趋势以保障每个人享有高质量的服务；在预算有限的情况下更好地分配医疗资源；监控药物和治疗的安全状况；比较全国各区域的医疗质量。2016 年 7 月 6 日，被寄予厚望的 care.data 项目中止，分析其原因如下。①政府一厢情愿，缺少宣传。政府强行推动 care.data 项目，缺少与各利益相关方的沟通，过程不够透明，也缺乏公共宣传。②该项目为国家行为，而让家庭医生担负法律责任，不可行。英国《数据保护法案》（"Data Protection Act"）规定："家庭医生是病人隐私数据的控制者。如果要将其控制的病人数据用于'直接医疗'之外的目的，必须及时通知病人并征求同意，否则可能会承担法律责任。"而数据是否用于"直接医疗"，家庭医生难以界定；更重要的是，一旦病人数据被收集起来，家庭医生对数据的应用是失控的。③民众对隐私的担心。政府在项目执行过程中，将医疗数据披露给商业组织或私人企业，同初始承诺"研究目的为评估 NHS 所属医院的安全状况、监控疾病的发展趋势及策划新的医疗服务"相悖，信任危机加重。另外，在大数据背景下，个人信息仍可能被识别出来。该项目的运行失败，为其他国家发展医疗大数据提供了经验教训。

总体而言，英国积极推动数据公开，不断促进大数据技术从科研向应用领域转化，在资金和政策上大力支持大数据在医疗、农业、商业、学术研究领域发展。

4. 日 本

早在 2004 年，日本总务省就提出了"u-Japan"战略，旨在推进日本 ICT 建设，发展无所不在的网络和相关产业。2009 年 7 月，日本政府 IT 战略本部推出中长期信息技术发展战略"i-Japan（智慧日本）战略 2015"，其要点是大力发展电子政府和电子地方自治体，推动医疗、健康和教育的电子化。此后，日本不断推出大数据发展战略助推城市智能化进程。

2013 年 6 月，安倍内阁公布了新 IT 战略——《创建最尖端 IT 国家宣言》，全面阐述了 2013—2020 年以发展开放公共数据和大数据为核心的日本新 IT

国家战略，提出要把日本建设成为一个具有"世界最高水准的广泛运用信息产业技术的社会"。在日本政府公开的大数据战略方向中，主要有开放数据、数据流通和创新应用等几部分。

（1）开放数据。2012年6月，日本发布电子政务开放数据战略草案，迈出了政府数据公开的关键一步。战略启动后，国民可浏览中央各部委和地方省厅公开数据的网站。为了确保国民方便地获得行政信息，政府将利用信息公开方式标准化技术实现统计信息、测量信息、灾害信息等公共信息的公开，在紧急情况下可以较少的网络流量向手机用户提供信息，并尽快在网络上实现行政信息全部公开并可被重复使用，以进一步推进开放政府的建设进程。2013年7月，日本三菱综合研究所牵头成立了"开放数据流通推进联盟"，旨在由产官学联合，促进日本公共数据的开放应用。

（2）数据流通。日本在个人信息保护法等法律基础设施方面落后于欧美国家。实际上，不仅日本行政部门对于公开信息持消极态度，企业在保护个人信息方面也动力不足。在日本大数据产业发展过程中，如何处理隐私和信息保护的问题已经变得非常关键，修改和进一步完善个人信息保护法规已被提上议事日程。2013年，日本新IT战略提出，要尽快建立跨政府部门的信息检索网站，以便于企业利用政府的大量信息资源，到2015年末达到与其他发达国家同等的信息开放度。关于个人信息、保护隐私等问题，日本政府将成立研究机构，针对法律措施的必要性等展开研究，并制定基本方针。

（3）创新应用。2012年7月，日本总务省ICT基本战略委员会发布了"面向2020年的ICT综合战略"，提出"活跃在ICT领域的日本"的目标。该ICT综合战略将重点关注大数据应用所需的社会化媒体等智能技术开发、传统产业IT创新、新医疗技术开发、缓解交通拥堵等公共领域应用等。如通过IT技术实现农业及其周边相关产业的高水平化，使农业经营体共享农业现场的相关数据及新技术；构筑医疗信息联结网络，根据门诊数据及处方笺，确立企业和地区的国民健康管理对策；对社会基础设施进行维护管理，使用传感器远程监控，在2020年前实现对全国20%的重要基础设施实施检修；改革国家及地方的行政信息系统，在2021年之前，原则上将所有的政府信息系统云计算化，减少三成运行成本。

另外，2016年1月，日本内阁会议提出了社会5.0（Society 5.0）战略。社会5.0的特征是立足整个经济社会，不仅要提升产业的生产性，还要提升生活的便捷性，解决少子高龄化、环境和能源等社会问题。未来在新一轮工业革命的带动之下，各行各业都将最大限度地利用新一代信息技术（如云计算、物联网、大数据、人工智能等），通过三元空间的融合，实现一个智能时代下的智能社会——社会5.0。

可见，日本的大数据发展以"开创新市场，促进经济增长"为核心，以务实的应用开发为主，尤其是在和能源、交通、医疗、农业等传统行业结合方面。

5. 韩　国

韩国早在2004年就提出了"u-Korea"发展战略，希望使韩国提前进入智能社会。韩国政府于2006年启动了"u-City"计划，提出"利用大数据解决市民小烦恼"的口号，构建城市智能化所需基础设施，促进信息技术和公共服务产业的进步与发展。2011年，韩国又提出"智慧首尔2015"计划，以挖掘大数据经济价值。

2013年，韩国科学、ICT和未来规划部与国家信息社会机构合作，建立了韩国大数据中心，目的是促进政府的数据分析。这是韩国第一个开放的数据中心，大学、中小型企业和普通民众都可以通过该中心对大数据进行提炼和分析，利用大数据技术解决业务或者研究方面的问题。

韩国希望通过立法框架和体制的修改，推动数据共享和接入，确保大数据在各机构间有效利用，提高数据的可接入性和使用效率。2013年，韩国对个人信息领域的限制做出适当修订，提出当企业使用个人无法识别的信息时，无须向主管部门申请；制定了以促进大数据产业发展为主，并兼顾个人信息保护的数据共享标准；准备修改位置信息法，对不暴露个人信息的位置服务，免除向上级部门申请使用的各个步骤；计划将国家公共服务逐渐扩展到移动设备，并对个人开放国家公共数据。另外，政府还利用相关技术和数据开放，为民众提供定制化的服务。

2014年7月，韩国政府宣布了"未来增长引擎执行计划"战略，大数据是其中13个作为未来增长引擎的领域之一。韩国计划通过项目推动，达到扩大国内大数据市场规模和提高国际大数据市场占有率的目标，到2020年，使大数据的国内和国际市场规模均超过10亿美元。韩国地方政府也积极开发大数据，计划利用大数据提升管理能力和服务能力，旨在建设以数据为中心、提供各种创新管理服务的市政管理体制，满足百姓对公共服务越来越多样化的需求。他们的具体做法是：通过各种电子政务功能，集成各种数据，创建新的价值，实现以百姓为中心的市政管理。目前，首尔市政府与韩国电信已达成协议，利用大数据技术，为夜间公共汽车服务提供相关支撑。首尔市政府为了确定最方便打到出租车的地点，开放了公共大数据，并对人们上下出租车的300亿条数据进行了匹配分析。利用这些数据，可减少出租车司机寻客时间和客人等待时间。

韩国已将公共数据作为具有社会和经济价值的重要国家资产。但同其他亚洲国家一样，韩国在大数据方面也属于跟随者，比如在数据收集、处理的能力以及人才培养、隐私立法等方面的问题限制了其发展大数据的步伐。但其在数据中心、带宽等硬基础设施以及智慧城市服务方面具备全球领先优势。

6. 新加坡

自2006年6月推出信息通信发展蓝图"智能城市2015"规划以来，新加坡一直努力建设以信息通信驱动的智能化国度和全球化都市，并得以成为全球信息通信业最为发达的国家之一，提升了各个公共与经济领域的生产力和效率。新加坡电子政府的发展始终走在世界前列。在交通领域，新加坡推出了多个智能交通系统，包括高速公路监控及信息发布系统、公路电子收费系统、优化交通信号系统、智能地图系统、停车指引系统及动态路线导航系统等。在医疗领域，开发了综合医疗信息平台，包括全国电子健康病历系统、综合临床管理系统、个人健康记录计划以及远程合作征求计划。在教育领域，"未来学校计划"利用信息通信技术，鼓励创新教学，增加学生在学习过程中的互动与参与，大大提升了学生对学习的关注度。通过"智能城市2015"规划的实施，物联网传感器已得到广泛应用，各种数据的收集能力大大增强。

2014 年，新加坡政府又公布了"智慧国家 2025"的 10 年计划，这份计划是"智能城市 2015"的升级版。为把新加坡打造成为"智慧国"，新加坡政府将构建"智慧国平台"，建设覆盖全岛数据收集、连接和分析的基础设施与操作系统，根据所获数据预测民众需求，提供更好的公共服务。"智慧国"理念的核心可以用三个 C 来概括：连接（connect）、收集（collect）和理解（comprehend）。"连接"的目标是提供一个安全、高速、经济且具有扩展性的全国通信基础设施；"收集"是指通过遍布全国的传感器网络获取更理想的实时数据，并对重要的传感器数据进行匿名化保护、管理以及适当进行分享；"理解"是通过收集来的数据，尤其是实时数据，建立面向民众的有效共享机制，通过对数据用户的分析，更好地预测民众的需求，提供更好的服务。为迈向"智慧国"的目标做准备，新加坡政府正在推出关于传感器网络、物联网以及特定领域产品的标准。此外，新加坡希望能够培养出多名 ICT 专家，以支持"智慧国"的建设。

可见，新加坡将大数据视为新资源，鼓励大数据在企业应用和政府服务中的落地；从大数据基础设施、政府服务、人才培养、技术研发和立法角度，不断推动大数据生态完善。

（二）经验借鉴

综上分析，发达国家在城市智能化发展中具有如下特点。

1. 政府战略统筹，利益多方协同合力推进

国外大数据的运作大多采用的是多利益相关方协同创新管理工作的机制，其经验可总结为由政府统筹规划领导，以集约化发展为原则，以应用为导向，建立跨区域、跨层级、跨部门的交流、沟通和合作机制，提升协同运作的执行能力和合作创新服务能力。2012 年 3 月 29 日，美国发布了《大数据研究和发展计划》，同时组建了"大数据高级指导小组"，涉及美国国家科学基金会、国家卫生研究院以及能源部、国防部等联邦政府部门，政府还倡议企业、科研院校和非营利机构集中资源，共同促进大数据发展，在国家战略层面形成了全体动员格局。欧盟认为，大数据是创新工具、创新资料，其

开放数据战略从欧盟全局的高度要求成员国共同推动大数据的发展，从修改补充法律、投入资金、建立公共信息平台等方面推进战略。新加坡政府认为，大数据是"未来流通的货币"，政府各部门合力从基础设施、产业链、人才、技术和立法五大方面系统推进大数据建设，弥补企业发展大数据的不足，极大地促进了大数据的发展和应用。

2. 数据标准先行，共享机制不断完善

标准作为使大数据行业良性发展的关键要素之一，对于城市中数据、资源、技术融合的支撑作用日益凸显。自 2012 年开始，国际电信联盟电信标准化部门（International Telecommunications Union-Telecommunication Standardization Sector，ITU-T）、国际标准化组织（International Organization for Standardization，ISO）、国际电工委员会（International Electrotechnical Commission，IEC）、美国国家标准与技术研究院（National Institute of Standards and Technology，NIST）等标准制定组织相继展开了大数据研究和标准化工作，对我国具有重要的借鉴意义。2012 年 6 月，ITU-T 提出"大数据：使用案例、要求和能力"（"Big Data: Use Case, Requirements, and Capabilities"）作为未来可能进行的新项目（ITU-T SG13，2014）。NIST 多年以来一直参与分析美国联邦政府和私营部门的海量数据管理，在大数据标准化工作方面远远走在前列。2013 年 1 月，NIST 成立了大数据工作组（Big Data Working Group），在大数据定义、术语、要求、安全与隐私、安全隐私架构、参考架构、技术路线方面展开了讨论和研究，从而支持大数据的安全有效利用。2013 年 11 月，国际标准化组织 / 国际电工委员会的第一联合技术委员会（ISO/IEC JTC1）建立了大数据研究组，通过调研现有 ICT 生态系统中与大数据相关的关键技术、标准、模型、应用实例和场景等内容，确定大数据中的关键定义和术语，评估大数据标准化市场需求。

大数据应用的基础是数据全面足量。为加强各部门开放与共享所掌握的海量数据，促进社会应用创新，发达国家均制定了政府数据开放共享政策。

2013 年，美国通过了《政府信息公开和机器可读行政命令》，正式确立了政府数据开放的基本框架。该行政命令指出：确保以多种方式将数据公开发布，让数据易于被发现、获取和利用，政府部门应当保护个人隐私，保守国家秘密和确保国家安全。白宫表示，将持续致力于数据的开放工作，并且力求提供一站式资源，汇总所有目前已经开放的数据和开源软件，让开发者和普通大众能够更好地利用数据开放，实现更高价值。2014年5月，白宫发布了《美国数据开放行动计划》，该行动计划主要对已有数据开放框架进行总结，并对其进行改进与完善，具体包括：以可搜寻、可机读、可利用的方式发布数据，即对已开放数据定期进行可用性测试，对各政府部门进行经常性的数据可用性培训与应用程序接口（application programming interface，API）培训；与公众、社会组织进行互动以确定数据公开的优先级；支持创新，通过反馈提升公开数据工作质量；持续完善并发布高优先级的数据集。

2012年6月，英国发布的《开放数据白皮书》指出：政府各部门应增强公共数据可存取性，促进更智慧的数据利用；各政府部门均需制定更为详细的两年期数据开放策略。2013年10月，英国内阁办公室发布的《2013-2015年英国开放政府伙伴关系行动计划》，从开放数据、诚信保障、财政透明度、公民赋权、自然资源透明度等五个方面进行了详细规划。

3. 开放数据增值，政策法规保驾护航

政府数据开放是很多国家进行大数据战略布局的一个关键环节，政府数据的开放、共享和利用情况直接影响着城市智能化建设的步伐。自2009年美国政府推出data.gov网站，政府实现透明化以来，民众可以自由检索并获得联邦政府数据。世界各地政府纷纷效仿，已有英国、法国、加拿大、澳大利亚、新西兰、爱尔兰、新加坡、韩国等国家相继建立了政府数据开放网站平台。通过数据开放，2013年美国在政府管理、医疗服务、零售业、制造业、位置服务、社交网络、电子商务等七个重点领域所产生的直接和间接价值已经达到了2万亿美元，实现了政府信息的增值开发利用。

为了保障数据开放的良性发展，美国及欧洲多国政府制定了一系列政策和法规。以美国为例，其核心法律包括《信息自由法》《宪法第一修正案》《电子信息自由法令》《阳光下的政府法》《隐私权法》《政府出版局电子信息

获取促进法》等。此外，美国还设立了专门的监督和执行机构，由它们提供政策和策略建议并监督《信息自由法》的执行情况。

4.应用推动发展，产品服务日益成熟

政府高度重视、积极推动大数据的应用，拉动需求，加快了大数据产业化和市场化进程。其中，以政府数据和公共数据为基础，以数据汇集和共享为手段，以提高政务效率、服务能力为目标的政府管理与公共服务领域大数据应用相对成熟和广泛。以美国政府为例，其在公共政策、舆情监控、犯罪预测、反恐等领域已开始依据大数据分析辅助决策，通过大数据应用增强社会服务能力，如运用大数据手段，利用指纹、脸象、虹膜、声音、步态等一系列生物识别数据，帮助警察发现犯罪线索，发现犯罪热点地区，预防犯罪发生，从而降低发案率，提高破案率。人口、交通、医疗等公共事业部门通过大数据挖掘，实现了对人口流动、交通拥堵、传染病蔓延等情况的实时分析，如波士顿通过对历史以及当前的车辆情况、路网情况、司机驾驶习惯等方面的数据分析，不仅能够帮助乘客调整路线、节省时间、节省汽油，还能有效缓解停车难等问题。国防部确定了从数据到决策、网络科技、电子战与电子防护、工程化弹性系统、大规模杀伤性武器防御、自主系统和人机互动等七个重点研究领域，目的是推进大数据辅助决策，实现数据优势向决策优势的转化。

二、国内城市智能化与大数据发展现状

（一）国家顶层战略布局，政策红利引导城市智能化发展

1.城市智能化纳入国家战略规划

2012年11月，科技部下发《关于开展智慧城市试点示范工作的通知》，拉开了智慧城市试点建设的序幕。此后，工信部、发改委、中央网信办先后发布了信息消费试点城市、"宽带中国"示范城市、信息惠民试点城市名单。2014年，国家发改委发布《国家新型城镇化规划（2014—2020年）》，将"智慧城市"

作为城市发展的全新模式，要求大力推进城市智能化发展，第一次将城市智能化纳入国家级战略规划。在 2015 年的《政府工作报告》中，谈到城市建设时，李克强总理表示"要发展智慧城市，保护和传承历史、地域文化，加大公共设施建设"。这是"智慧城市"一词首次被写进《政府工作报告》，引发社会各界的高度关注。

2016 年出台的国民经济和社会发展"十三五"规划纲要也明确提出要"建设一批新型示范性智慧城市"。随着我国信息化的不断推进，各个相关部委先后迈出了城市智能化发展的探索步伐。财政部、工信部、国家测绘地理信息局、交通部、国家旅游局等国家部委也都先后出台了城市智能化相关建设的文件，为城市智能化的发展提供了具有建设性的引导和扶持。从国家层面明确规划战略到各个相关部委和城市相继出台城市智能化发展文件，充分表明我国城市智能化发展在制度层面有强大的推动力。

2. 大数据、"互联网＋"等战略布局为城市智能化提供了发展契机

在信息技术高速发展的时代，无所不在的网络、计算与数据共同驱动了无所不在的创新。城市智能化就是利用大数据、云计算、互联网等新一代信息技术实现城市全面透彻的感知、泛在的互联互通、智能的应用，实现城市生活的便捷化、高效化、智能化。与城市智能化发展息息相关的新一代信息领域技术的飞速发展和战略布局为城市智能化健康发展提供了助推力。大数据作为信息时代新的战略资源和战略方向，不仅提供了大量的商机和财富，更是政府的中央处理器和大脑。

2015 年 5 月，"中国制造 2025"战略的出台，为城市工业智能化建设指明了主攻方向。工信部部长苗圩出席"2015 智能制造国际会议"时强调，"中国制造 2025"将主攻智能制造，致力于研发、生产智能家电和服务机器人，在推动中国成为制造强国的同时，打造中国城市智能化。

2015 年 7 月印发的《国务院关于积极推进"互联网＋"行动的指导意见》提出了"互联网＋"创业创新、"互联网＋"智慧能源、"互联网＋"益民服务等 11 个具体行动，推动城市智能化发展。"互联网＋"整合城市资源，与工业、农业、交通、旅游、医疗等各行各业融合发展，创建城市发展新模

式，搭建城市公共服务新平台，将成为城市智能化发展的"点睛之笔"，探索城市建设的新方向，是推动城市高效发展运行的智能新动力。

2015 年 8 月，国务院印发《促进大数据发展行动纲要》，提出大力推动政府信息系统和公共数据互联开放共享，加快政府信息平台整合，消除"信息孤岛"，推进数据资源向社会开放，增强政府公信力，引导社会发展，服务公众、企业；打造精准治理、多方协作的社会治理新模式；构建以人为本、惠及全民的民生服务新体系；培育高端智能、新兴繁荣的产业发展新生态。该行动纲要为城市智能化发展提供了强大的支撑。

（二）基础设施日趋完善，数据中心建设趋向合理化

1.我国信息化基础设施建设日趋完善

信息化的发展程度是衡量国家生产力水平、国际竞争力和综合实力的一个重要参数。近年来，我国信息化水平有了显著的提高，2015 年全国信息化发展指数①为 72.45，比 2014 年增长了 7.69。在信息技术的带动下，互联网蓬勃发展。截至 2016 年 12 月，中国网民规模达 7.31 亿，互联网普及率达到 53.2%（见图 1-2），超过全球平均水平 3.1 个百分点，超过亚洲平均水平 7.6 个百分点。中国手机网民规模达 6.95 亿，中国 31 个省、自治区、直辖市中网民数量超过千万规模的达 26 个（中国互联网络信息中心，2016）。

信息化基础设施建设是城市智能化发展的必要条件，是城市走向智能化的基础。工信部《2016 年通信运营业统计公报》的数据显示，2016 年，互联网宽带接入端口数量达到 6.9 亿个，接入端口"光进铜退"趋势更加明显，各种数字用户线技术端口比 2015 年减少 6 259 万个，总数降至 3 733 万个，占互联网接入端口的比重由 2015 年的 17.3% 下降至 5.4%；光纤接入（FTTH/0）端口比 2015 年净增 1.81 亿个，达到 5.22 亿个，占互联网接入端口的比重由 2015 年的 59.3% 提升至 75.6%。移动通信设施建设步伐加快，截

---

① 信息化发展指数（informatization development index, IDI）是为国家"十一五"信息化规划而编制的，它从信息化基础设施建设、信息化应用水平和制约环境，以及居民信息消费等方面综合性地测量和反映一个国家或地区信息化发展的总体水平。

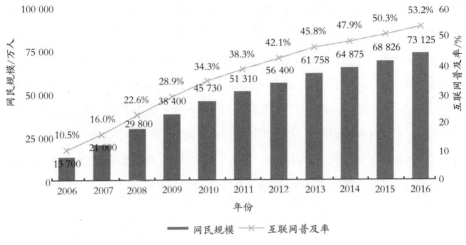

图1-2 中国网民规模和互联网普及率

至2016年，移动通信基站总数达559万个，其中4G基站总数达到263万个。传输网设施不断完善，2016年全国新建光缆线路554万千米，光缆线路总长度达到3041万千米（工信部运行监测协调局，2016）。各个城市在建设过程中也均提出加快光纤网络、无线网络、云计算中心、大数据中心、智能交通、智能电网等基础设施的重点工程建设。在未来一段时间内，信息化基础设施建设仍将是我国基础设施建设的重中之重。

2. 数据中心建设逐步从盲目走向合理

经过前期的探索、经验的总结，以及国家政策的指导，我国大数据中心建设逐步合理化。随着2013年工信部发布的《关于数据中心建设布局的指导意见》等相关政策的出台，全国数据中心建设的布局规划有所加强，地方盲目建设数据中心和相关园区的情况得到遏制，我国数据中心建设逐渐走上绿色化、低污染、低耗能的科学合理的建设道路。2015年10月，工信部、国家机关事务管理局、国家能源局决定开展绿色数据中心试点工作并于2015年公布了14个国家绿色数据中心试点地区，涉及生产制造、能源、电信、互联网、公共机构、金融等六个领域103个项目。2016年，国家发改委公布第二批国家大数据综合试验区，设置内蒙古为首个大数据基础设施统筹发展类综合试验区，并于

2016 年 11 月 7 日正式启动建设。基础设施统筹发展类综合试验区的定位是，在充分发挥区域能源、气候、地质等条件的基础上，加大资源整合力度，强化绿色集约发展，目标是经过 3～5 年的努力，把内蒙古建设成为中国北方大数据中心。

（三）技术创新环境初步形成，大数据引领技术新突破

1. 创新的发展环境为城市智能化技术创新提供保障

城市智能化源于信息技术的创新发展，创新驱动、智慧引领是城市智能化持续发展的生命力，是城市智能化的基础。随着创新驱动发展战略的提出和深入，以及"大众创业、万众创新""互联网＋""中国制造 2025"和《大数据发展行动纲要》等创新战略的发布实施，我国鼓励创新的政策环境已经形成。要利用国家创新政策环境的沃土，牢牢把握信息技术变革趋势，以大数据、物联网、云计算等新一代信息技术为依托，推动科技创新与"大众创业、万众创新"有机结合，切实激发城市创新、创业发展的新活力，推动新技术、新产业、新业态蓬勃发展，打造绿色、舒适、智能、宜居的城市新未来。

2. 技术多点突破推动城市大数据创新发展

大数据时代的到来，开启了以数字化、智能化为核心的城市智能化发展新阶段。利用大数据、云计算等相关技术手段对海量数据进行有效的采集、分析和利用，通过数据的开放和共享，打通城市内部的"数据孤岛"，为城市建设迈向数字化、科学化、精准化和智能化提供必要的途径，建立用数据说话、用数据决策、用数据管理、用数据创新的城市管理新方式，实现基于数据的科学决策，助力城市高效运行。

近年来，我国云平台、云存储等核心技术的自主研发能力显著增强。长期以来，我国在云数据中心的整机柜服务器技术方面一直扮演着追随者的角色。作为我国自主设计的服务器，天蝎整机柜服务器的问世及规模应用改变了这一局面，我国整机柜服务器实现了从"中国制造"到"中国设计"的转变。2016 年，我国已成功研制出 EB 级云存储系统，可满足大数据量存储

落地需求，对保障我国云计算基础环境的安全可控具有重要意义（周润健，2016）。

随着大数据应用的不断深入，我国逐步开始重视可视分析的研究。针对各种城市数据的可视化系统纷纷涌现，学术界在轨迹数据的可视表达、人群移动的可视化建模等方面取得了较大进展。在中文语音和语义识别技术方面，我国有自身独有的竞争优势。例如，科大讯飞在语音识别领域取得突破，构建了国内最全的语音技术平台，其推出的"讯飞听见"产品，可实时将语音转换成文字，速度和准确率远超人工速记，现场识别正确率达到99%以上；百度硅谷人工智能实验室的新一代深度语音识别系统 Deep Speech 2 被美国权威杂志《麻省理工科技评论》列为 2016 年十大突破技术之一。

我国在云计算、大数据安全等技术领域快速发展。2016 年，我国的云安全技术逐渐从单一的云端攻防向多种云端整体安全解决方案转移，防护手段从防御外部 Web 入侵逐渐变化为云抗分布式拒绝服务（distributed denial of service，DDoS）、防御高级持续性威胁（advanced persistent threat，APT）攻击和保护云端数据安全。2016 年，针对基于单属性的隐私保护技术存在的关联攻击问题，提出基于关联相似性的隐私保护技术；针对攻击者基于背景知识可进行语义分析的问题，提出基于位置语义的路网位置隐私保护技术等。在大数据安全领域的威胁情报技术方面，我国还处于起步阶段但进步很快，启明星辰、知道创宇、安天、360、华为、东巽科技等一批公司在 APT 攻击溯源、威胁感知技术等方面取得了一定进展。

（四）大数据产业发展迅速，产业集聚效应初显

大数据产业可以从狭义和广义两个范围解读。从狭义来看，大数据产业围绕大数据采集、存储、管理和挖掘，也称大数据核心产业，它为全社会大数据应用提供数据资源、产品工具和应用服务（见图1-3），支撑各个领域的大数据应用，是大数据在各个领域应用的基石。从广义来看，大数据产业包含了金融、医疗、交通、教育、安全等大数据在各个领域的应用。近年来，我国大数据产业发展迅速。从狭义的角度来看，2015 年我国大数据核心产业的市场规

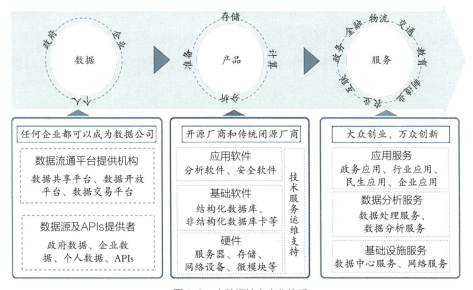

图1-3　大数据核心产业体系

模达到115.9亿元，增速达38%，预计2017－2018年还将维持40%左右的高速增长。从广义的角度来看，中国信息通信研究院预计，到2020年，大数据将带动中国国内生产总值（gross domestic product，GDP）的2.8%～4.2%。美国麦肯锡公司预计，美国大数据应用带来的增加值将占2020年国内GDP的2.0%～4.0%。

自2015年国务院印发《国务院办公厅关于运用大数据加强对市场主体服务和监管的若干意见》和《促进大数据发展行动纲要》，将大数据发展上升到国家战略层面以来，以北京、上海、重庆、贵阳为引领，多数城市积极布局大数据产业的发展，相继出台了城市大数据产业发展规划。经过几年的发展，我国已形成了京津冀、珠三角、长三角和西南部大数据产业集聚区，已建立北京中关村、深圳、武汉光谷、贵阳等数十个大数据发展联盟。

北京依托中关村在信息产业的领先优势，快速集聚和培养了一批大数据企业，继而迅速将集聚势能扩散到津冀地区，形成京津冀大数据走廊格局。《京津冀大数据产业地图》显示，2016年，京津冀三地大数据企业数量已达875家，与2009年的350家相比翻番有余，形成了以政府为指导、以企业为主体、产学研用相结合的城市大数据产业发展生态模式，有力地推动了我国城市大数据产业的发展。长三角地区城市将大数据与当地智慧城市、云计算发展紧密结合，使大数据既有支撑又有的放矢，吸引了一大批大数据企业。珠三角地区在产业管理和应用发展等方面率先垂范，对企业扶持力度大，集聚效应明显。

（五）大数据应用范围不断扩大，助力城市智能化发展

在智能城市发展过程中，不断盘活已有数据存量、充分利用大数据增量，有助于释放数据资源的潜在价值，推动城市智能化进程。在我国，城市大数据正被越来越多地应用于一系列的城市管理服务。

在城市交通方面，采集、分析交通流信息、公交视频等数据，将其应用于城市交通状况监测、公路管理、应急管理、城市交通规划等方面。如贵阳利用出租车的全球定位系统（global positioning system，GPS）轨迹对交通流量进行预测，将预测结果用于行车路线的优化和充电桩的布设；北京的T-Drive 项目利用 3 万多辆装有 GPS 传感器的出租车来感知交通流量，并为普通用户设计真正意义上的最快驾车线路；天津利用在城市道路上获取的感知数据，结合人口密度、道路密度、区域健康度等相关数据，对救护车站点的选址进行优化。

在城市公共安全方面，各地政府根据国家顶层规划的战略部署、智能城市建设的实际需求，基于早期平安城市建设的经验，积极探索大数据服务于智能城市公共安全建设的理念、思路和规划，已试验性展开大数据在城市安全中的应用。如作为"智慧银川"首期建设项目的重点之一，银川智慧型平安城市已经颇具规模。银川智慧型平安城市以大数据为基础，旨在重塑城市应急管理体制。系统落成后，将实实在在地发挥数据价值，从公共交通、城市管理、旅游安全等各个方面带给公众更美好的生活体验。

在医疗方面，医疗行业的信息化也迎来了自己的大数据时代。2016 年 6 月，国务院办公厅发布《国务院办公厅关于促进和规范健康医疗大数据应用发展的指导意见》，将医疗大数据应用提升到战略高度，各地也相继出台医疗大数据的应用发展规划，推动了医疗大数据的全面应用发展（见图 1-4）。如浙江移动

患者	医疗策略、医疗过程、个人健康数据
医院	患者健康史、临床数据、医疗知识库
保险机构	患者医疗数据
政府	公共卫生、症状监测、宏观决策
社会公众	健康知识、公共卫生、医疗咨询
研究机构	评测报告、趋势分析
其他	医疗数据的商业应用

图1-4 大数据在我国智能医疗领域的应用

配合宁波等地卫生局研发了"健康服务平台",整合了电子健康档案、电子健康病历等大数据资源,为公众提供一站式的预约诊疗、健康问答等服务。

在城市环保方面,我国的环境信息化工作近年来快速发展,已建立起环保部信息中心、32个省级信息中心和100多个城市信息中心,积累了大量的城市环境监测数据和重点污染源监测数据,利用海量数据,提供更为有效的城市环保手段。

在城市水务方面,我国的水务行业开始对泵站、闸门、水位/流量、雨量、污水源、水质等进行实时数据监测,应急处理能力及行业管理水平有了较大提高。以杭州市水务系统为例,其建设完善了自动化监测系统和覆盖重点领域的视频监控系统,已建成企业信息门户、综合营账、企业资源计划、地理信息、热线客服及大表远传等信息系统,持续推进企业精细管理。据初步统计,各类系统所记录的日数据量达2.1TB。

(六)政策引导试点先行,推动大数据开放共享进程

"数据孤岛"的存在严重制约了大数据潜在价值的发挥,开放共享数据、打通数据孤岛是大数据时代的必然趋势。数据的流动共享能够激活数据的价值,同时,开放、盘活政府数据,有利于提高政府公信力,打造阳光政府,提高政府决策水平,使政府能够更好地服务公众。我国高度重视政府数据开放的问题,已在相关文件中多次提到数据开放共享,各级政府已开始积极推

动数据的开放共享。

2015 年，国务院印发《促进大数据发展行动纲要》，提出要在加强安全保障和隐私保护的前提下，稳步推动公共数据资源开放，提出要在 2018 年底前建成国家统一的数据开放平台。该纲要对数据开放的相关管理制度做了原则性规定，包括建立公共机构数据资源清单，建立大数据采集机制，制定政府数据共享开放目录，并提出优先开放相关领域的政府数据集。北京、上海、青岛、武汉等地方政府都已经建立了专门的政府数据开放网站；气象、林业等部门也建立了专门的数据开放网站。

深圳作为新型智慧城市的试点示范城市，以"打牢共用、整合通用、开放应用"为建设思路，以数据的开放共享和融合利用为核心，对各类信息进行资源调度管理和服务化封装，打造开放、安全的城市信息综合集成环境，为各行业、各部门提供通用功能服务，促进感知、通信和计算资源集约，通过功能整合，促进城市信息资源开放利用。在数据的聚合上，通过将每条数据抽象为一个"实体"这种组织方式，合理聚合数据，形成数据资产。在数据开放共享上，通过梳理数据资源框架体系，定义数据统一描述标准，建设由城市数据资源体系和应用支撑服务构成的通用功能平台，由全市统一规划建设，各部门在全市统一的通用功能平台之上构建业务应用，避免单独、重复建设。针对数据的采集、存储、交换和共享等环节，建立统一的数据资源标准来规范信息共享业务流程，全面落实《深圳市政务信息资源共享管理办法》，打通信息共享通道，实施信息共享"负面清单"管理机制，加强信息共享绩效考核，推动信息共享深度应用。引导各级政府和公共服务机构开放数据资源，加强政府与第三方机构的协作，进一步推动数据资源的开发和共享。明确界定数据开放的边界、范围、原则和安全性等，在对政府部门数据进行梳理和开放风险评估的基础上，制订和实施政府数据开放计划，确立数据开放的机制、重点开放领域和实施步骤，推动公共数据资源适度、合理地跨部门分享和向社会开放。积极发挥市场的主导作用，通过数据资源的开放利用，促进大数据技术和产业创新发展。

三、城市智能化与大数据发展面临的问题与挑战

近年来，大数据已成为新的技术制高点和经济增长的新动力，深刻改变着宏观经济环境，受到各国高度重视。我国紧抓大数据发展的机遇，积极谋划、部署和探索，形成了以市场为主体、以政府为引导的良好发展局面，并在大数据的社会认知、政策环境、市场规模、产业支撑能力等方面取得了良好进展，为大数据助力城市智能化创造了良好条件。但我国对大数据的探索和应用仍处于试水期，尤其是与欧美等发达国家相比，在大数据领域的基础设施建设、产业生态环境、核心技术、数据安全、法律制度体系、人才储备等方面还存在着较大的差距和不足。

（一）城市智能化发展重建设轻应用、运行与维护，盲目低效普遍存在

目前，全国已有数百个城市展开了城市智能化建设，投资动辄数亿元。我国城市智能化建设已经历过第一次建设高峰，尽管取得了不错的成绩，但还存在顶层设计缺乏创新、投资效益低、存在"信息孤岛"现象等问题。

①顶层设计缺乏创新。目前看来，大部分城市智能化建设都面临着顶层设计困扰。由于城市智能化建设早、投资空间大及建设复杂度高等，各个领域分开建设，缺少顶层设计思考，大中城市的城市智能化建设千城一面、缺少亮点。

②投资效益低。为了实现信息化基础设施建设、信息化平台建设和上层信息化应用的建设，城市智能化建设需要进行一定程度的先期投入。但很多城市在城市智能化建设过程中，都遇到了投资回报不明确或无法界定、投资模式不成熟的难题。

③存在"信息孤岛"现象。公共数据难以互联互通，系统运行效率不高，市民对城市智能化建设的感知度较差。

为此，将来的城市智能化建设，应从城市整体高度和全局视角开展，加强创新应用建设及运维保障，确保智能城市持续、有效运转。

建设过程缺乏顶层设计、规划和前瞻性布局，缺乏对建设需求和目的的

认识，导致了盲目投资，应用实效缺乏，建设空心化风险严重。大批基础设施重复建设情况普遍，导致很多设施闲置浪费；缺乏后期的管理维护，而信息基础设施更新换代较快，导致很多设施建而未用就被新的基础设施替代，造成了严重的资源浪费和环境污染。有一些城市盲目地模仿其他城市，跟风建设，把城市智能化发展作为政绩工程和形象工程，贪大求全。一些中小城市在资源条件并不充分、对城市智能化的真实需求缺乏判断的情况下，也在大规模投资建设。在城市智能化发展方面，要先思后行，理性对待，强调需求驱动、问题导向。

（二）数据开放共享处于探索阶段，系统缺乏统筹协调

数据资源共享和业务系统互通是城市智能化发展的核心，各类智能应用是关键。我国政府高度重视数据的开放和共享，相关战略规划无不涉及数据开放共享的推进与实施。但是我国的数据开放共享尚处于探索阶段，很多城市的数据都是相对孤立和封闭的，政府部门有各自独立的垂直信息系统，如人口数据在公安系统，交通数据在交通管理系统，食品安全数据在食品安全监管部门，环境安全数据在环保部门。部门间的数据资源存在数据格式不统一、标准化程度不高、互联互通程度不足等问题，导致区域间、部门间的数据资源缺乏有效的整合，没有实现共享，"数据孤岛"现象十分严重。这种现象主要源于不同部门在建设信息系统时缺乏顶层设计和整体发展战略，因此不同的信息系统之间很难兼容，整合代价高。各部门信息协同分享的机制建设尚不完善，信息化管理体制中存在的职能交叉、部门分割、管理不到位、协同发展能力较差等一系列问题也成为数据共享开放的瓶颈。随着数据共享和信息公开的逐渐扩展和放开，我国相关法律和制度保障严重滞后，很难为数据共享和信息公开提供健全的保障。数据开放和共享平台建设严重不足，各种基础数据的数据库和数据平台建设参差不齐，缺乏统一的数据标准，难以保证数据开放和共享的质量。共享数据的可用性较差，技术保障能力的不足成为数据平台建设的一大制约因素。此外，数据开放共享的广度、深度有待挖掘探索，数据开放共享的具体实施规划和措施也有待出台。

城市智能化发展是一个复杂的巨系统，系统的建设和运营离不开自上而下、全面系统的统筹规划、设计与协调。城市智能化发展的本质就是利用信息技术，以居民生活更加便捷、智能，城市运行更加高效、绿色的实际需求为目标，着力解决城市信息碎片化、需求多样化等问题，构建信息高效利用、业务协调一体的智能、高效服务系统。我国前期的城市智能化发展以基础设施建设为主，为城市智能化发展提供了良好的基础保障，但从系统的协同性和整体的运行效果来看，前期的城市智能化发展普遍存在设计分散、各自运营的特点。比如，公安部门负责建设智能安防系统，卫生部门负责建设智能医疗系统，交通部门负责建设智能交通系统，各个系统之间由于技术、标准以及管理机制存在差异等问题，难以形成协调互通、高效互联的运行整体，城市智能化发展的效果大打折扣。

（三）核心技术受制于人，数据标准化建设薄弱

城市智能化安全不仅涉及城市智能化信息系统的安全运行，其重要性和复杂程度已远远超越了传统意义上的网络空间安全的范畴。我国在芯片、操作系统、数据库等核心技术产品上仍处于被动落后的状态。目前，我国大部分芯片需要从欧美国家进口。根据海关总署统计，2015年全球半导体市场总规模为3 352亿美元，中国进口集成电路金额达2 307亿美元，国内接近80%的芯片依赖于进口（其余20%中还有英特尔在中国的产能部分），其中高端芯片进口率更是超过90%。国产操作系统所占市场份额不到10%，国产数据库所占市场份额不到5%，国外高端路由器在我国大型网络项目建设中仍占相当大的比例（李颖，2014）。重要信息系统和基础信息网络中大量使用国外基础软件及设备，不仅阻碍我国城市智能化水平的提升，同时也带来了很大的信息安全隐患。因此，如何提升信息基础设施建设水平、实现关键领域核心技术的自主可控，是我国在城市智能化发展中面临的严峻挑战。

我国的互联网企业具备快速将国际先进的开源大数据技术整合到自身系统中的能力，还构建了单集群上万节点的大型系统，但仍缺乏原创技术，对开源社区的贡献不足，对前沿技术路线的影响微弱。同时，我国大数据仍处

于割裂状态，很多单位之间的数据关联、集聚、共享、价值的深度挖掘还不够，在数据计算、可视化、结果呈现等方面仍存在技术难题。而且由于本土开源社区等产业组织发育滞后，国内领先企业在大数据方面的技术创新也难以向社会扩散。我国在大数据研究和发展方面的投入还远远不够，方向也不明确，这是影响我国大数据发展的主要制约因素之一。我国需要进一步提高自主创新能力，加强大数据关键技术的突破，避免未来在大数据技术方面受制于人，同时，推动我国大数据的发展和应用，也有利于保障国家安全。

我国在城市智能化和大数据标准方面虽然陆续出台了一些规范标准，但还需要对其进一步细化，以避免在缺乏标准和技术规范的条件下，许多地区的城市智能化系统自成体系，缺乏应有的衔接和配合。如在智能城市、智能电网、智能医疗等领域都存在与数据采集、处理、传输相关的行业标准，但在大数据标准化进程的推进上缺乏宏观的管理和引导，导致各领域数据标准化进程参差不齐，缺乏统一的管理指导，大数据标准缺乏统一的归口。

（四）数据安全风险严峻，数据防护困难增加

大数据是城市智能化发展的主要推动力，随着数据爆炸式增长以及大数据不断向各个行业渗透，其在推动城市发展的同时也带来了严峻的安全问题。由于城市数据来源的广泛性、传播的开放性，其受到网络攻击的渠道也更多。通过对不同领域的海量数据进行整合、关联、分析、挖掘，可能获得意想不到的价值，然而这份价值背后也同样蕴含着不可估量的风险：城市智能化发展涉及公安、人口、食品、交通、医疗等城市生活和城市运行的方方面面的数据，一旦这些数据失真、丢失、泄露或遭到破坏，将带来严重后果。实际上，从信息的收集、传输到处理等各个环节，城市智能化系统及其子系统都存在严重的信息泄露、伪造、网络攻击等安全问题，亟须受到关注和重视。如果城市智能化数据安全都没有保障，智能也就无从谈起，我们亟须解决"谁来保护城市智能化数据安全"这一关键问题。此外，大数据时代，个人信息被过度采集、利用，每个人在大数据面前都变成了"透明人"，个人隐私遭受到前所未有的挑战，这也成为大数据时代一个亟待解决的突出问题。

由于大数据传输具有数据量大、类型多、价值密度低、处理速度快、复

杂性大等特点，现有的数据安全防护手段已经不能满足大数据时代的安全需求，对海量数据进行安全防护变得更加困难，而且数据的分布式处理也加大了数据泄露的风险。这主要体现在以下四个方面：①大数据成为网络攻击的主要目标；②大数据加大信息泄露风险；③大数据威胁现有的存储和安防措施；④大数据技术可被应用到攻击手段中。应全面理解与把握大数据发展过程中的体系风险和安全隐患，提高风险意识与风险管理能力、自主创新与安全可控能力、安全防护保障能力、体系对抗能力，确保虚拟空间与现实空间的长治久安。

（五）法律建设滞后，体制机制制约发展

城市智能化发展不仅要解决技术问题，更重要的是要保障体制机制的革新和相应的法制建设。目前，我国已出台了一批法律、行政法规、司法解释等规范性法律文件，形成了在法律、行政法规、部门规章、地方性法规四个层次上覆盖网络安全、电子商务、个人信息保护、网络知识产权等领域的网络法律体系。但是，信息领域的相关法律制度体系尚不健全。

（1）立法指导思想重管理轻服务。我国现行的大数据相关法律法规总体强调对网络用户和网络行为的行政监管，而较少注意甚至忽略了立法对于行政部门服务属性的制度化。

（2）立法内容滞后且立法位阶较低。在我国现行大数据相关的立法体系中，正式的法律只有《电子签名法》这一部，位阶较高的行政法规层级的规范性文件同样较少，规范大数据的法律体系中更多的是部门规章和地方性法规，而部门规章和地方性法规的法律效力低，适用范围有限，实施效果差。

（3）法律体系散乱，缺乏逻辑。由于多头监管，政出多门，信息保密和网络空间监管的相关规定散见于各部门规章，没有纵向的统筹考虑和横向的协调统一，各规章之间内容重复、交叉甚至冲突，没有形成一个逻辑体系，规定不少但效用不高，造成法律资源的浪费，执行过程中的推诿，严重影响大数据的管理及执法效果。

（4）与传统法律兼容不够。大数据相关立法与现行法律体系中的行政法、民法和刑法等传统法律的规定未有效衔接，兼容不够，导致大数据相关立法操作性弱，现行的能够规范大数据的法律无法得到有效应用。大数据相关立法法律性质的不明也导致民法原则、行政法原则都无法在出现法律空白时起到有效的填补功能。

城市智能化建设越深入，越会触及经济和社会的深层次问题，体制机制对智能城市建设的约束也越会显现。例如在信息共享方面，虽然大部分城市都建立了多个基础数据库，促进了许多重要基础信息的跨部门整合，但在许多涉及民生的领域，如医疗、教育、交通等公共服务领域以及人口管理、食品安全等领域，政府信息管理中的层级分割、条线分割、地区分割仍普遍存在，使许多跨区域、跨领域的智能应用系统难以建立，既降低了智能应用的效益，也影响了民众对智能城市的感受。再如，在智能经济领域，目前许多产业行业监管体制落后于新产业、新业态的发展，制约了产业创新。在产业融合的大背景下，许多行业创新的推手都是外来者，如电子商务并非发端于传统商业企业，网络金融并非起始于银行业，打车软件并非出自出租车行业。但是，行业中的传统企业仍掌握着政策话语权，它们往往利用这一优势来筑栏设限，阻碍新兴智能产业的发展。总之，新兴智能产业发展受阻，虽有其自身不成熟的原因，但传统企业的排挤也是一个重要因素。

（六）数据人才缺口严重，复合型人才储备不足

信息时代，得人才者得天下。人才是信息化时代最关键的因素，对信息人才的培养和获取，日益成为国家提升竞争力的重要手段，世界各国不惜花巨资来培养高水平的信息专业人才队伍。城市智能化发展既需要懂技术的专业型人才，也需要懂经营和城市建设的复合型人才。我国通过院校教育培养了大量的信息化人才，但我国的人才增长速度跟不上信息化发展需求的增速，尤其是高端、复合型人才严重匮乏。近几年随着大数据的迅速发展，对大数据相关人才的需求也迅速增长。《哈佛商业评论》有言：数据科学家将成为21世纪"最性感的职业"。目前，数据科学家的需求量巨大，世界各国都面临严重的人才缺口。麦肯锡预计，在2018年，仅在美国市场，数据科学家人才缺口就将达到14万～19万人，相关方面的管理人才缺口将达到150万人。总体形势如此，我国面临的挑战将更严峻。人才短缺将是制约我国大数据产

业健康快速发展的重要因素。网络空间安全不仅是城市智能化发展的基本保障，也是国家信息化发展的基本保障，是国家安全的战略要地。在网络空间安全领域的竞争不仅仅是技术和产品的竞争，更重要的是高素质安全人才的竞争。我国的网络空间安全技术和产业领域发展相对较晚，相关人才体制建设不足，网络空间安全人才培养模式单一、高端人才稀缺、管理体制机制僵化，在吸引人才、培养人才、留住人才等方面存在不足。

城市智能化发展带动了智能电网、智能教育、智能医疗、智能家居等产业的兴起。这些产业的高速发展，大大推动了国内劳动力市场对电子科学、计算机、测控、信息与通信工程、自动化和管理专业领域的复合型专业人才的需求，而我国的人才培养速度无法满足市场需求，高端、复合型人才的短缺已经成了城市智能化发展的一大制约因素。

四、城市智能化与大数据的发展趋势

（一）大数据等新技术应用不断深化，城市智能化管理服务将无所不在

城市智能化发展的本质就是以信息技术为手段，以服务民生、信息惠民为目标，紧紧围绕城市居民的教育、医疗、交通、就业、养老、居家、公共服务等实际需求，为群众打造便捷、智能、高效的智能城市生活。

2014 年国家发改委发布的《关于加快实施信息惠民工程有关工作的通知》指出，信息惠民工程实施的重点是解决社保、医疗、教育等九大领域的突出问题，要逐步实现公共服务事项和社会信息服务的全人群覆盖、全天候受理和"一站式"办理。

2016 年，国务院办公厅印发《关于促进和规范健康医疗大数据应用发展的指导意见》，提出大力推动政府健康医疗信息系统和公众健康医疗数据互联融合、开放共享。未来我国城市智能化发展将聚焦于提升公共服务效能，释放"互联网＋"、大数据等政策和资源红利，通过物联网、云计算、大数据等信息技术手段，整合各类民生服务资源，扩大城市智能化服务的应用范围，创新服务渠道和模式，打造以人为本、市民参与、社会协同的开放创新空间，促进城市管理精准化、透明化和高效化，形成便捷、高效的公用管理

服务平台，形成以便民、惠民为主要特征的民生服务体系，解决城市居民生活所需，为城市居民提供简单、便捷、科学、高效、智能的生活服务，打造和谐、宜居的智能城市。

（二）智能化催生新业态，将助推城市智能经济的发展

城市智能化建设促进了大数据、云计算、物联网技术的广泛应用，催生了一大批新兴产业形态，成为新常态下城市经济转型发展的新动力。基于共性技术开发的创新融合，模糊了原有的产业边界，使产业之间的互通性、交叉性显著增强。价值链的拓宽和创业模式的演变又推动了产业的融合发展，如制造业和信息技术的不断融合推动了制造业从生产型向服务型转变。互联网与实体经济结合，衍生出了很多新的应用模式，如工业互联网、能源互联网、车联网，网络从传统的内容交互进入到参与生产环节。基于信息技术的新兴服务业，使得服务向信息化、个性化、定制化方向发展，并衍生出多种类型的生产和生活服务业态，如移动互联网的广泛应用催生了移动支付、移动视频、移动电子商务等新模式。互联网平台与传统服务业的融合形成了互联网金融、网络约车等新业态。在当前经济增速有所放缓、经济发展进入新常态的阶段，这些新产业、新业态成为新形势下城市经济行稳致远的重要力量。

同时，信息技术也渗入传统行业的方方面面。"互联网+"创新生产、流通方式，改善生产经营模式，推动产业协同的纵深发展，推动产业融合的横向扩展，推动城市经济发展从"要素"转向"创新"驱动，为传统产业的升级转型提供了强大的技术与运营模式支撑。同时，"互联网+"通过新技术推动消费需求多样化、个性化、复杂化，推动供给需求发展的转变；通过智能化的发展改变传统产业的生产、服务、组织理念，优化资源配置、释放生产力、提高生产效率，激发创新发展活力，推动经济稳步增长和结构不断优化，从而形成中国经济发展与城市智能化发展的良性循环。

（三）数据开放共享全面推进，城市生态群将逐步形成

从国外城市智能化发展的经验来看，其发展模式各具特色，但都从城市

的实际和发展的需求出发，因地制宜，着眼长远和大局。例如，欧洲智慧城市建设围绕城市特色，以绿色低碳为主题；北美地区智慧城市建设注重数据开放和建设实效，由市场化机制推动。

我国智能城市建设前期，部分城市盲目建设、跟风建设的现象严重，建设千篇一律，脱离城市发展实际，导致建而不用、建而无用。我国还存在城市信息不互通共享、各自为政的情况，形成了"数据孤岛"的现象，与城市互联互通的智能城市建设主旨相悖，建设效果大打折扣。

随着城市智能化发展的不断深入，这种状况大有改观，部分城市依托城市发展优势，启动了以电子政务、平安城市、产业园区、旅游城市、大数据中心建设为主题的城市智能化发展。目前我国正推动地域城市群建设。城市群内部和各城市之间，也需要数据的互联、标准的统一，需要统一的规划和互补的定位。随着我国城市智能化发展的全面展开，"互联网+""大众创业、万众创新"政策的不断实施落地和国家对城镇化的规划与布局，未来将形成以城市为依托，按需建设、因地发展，拓展区域发展空间，互通共享的城市智能化生态群。

（四）粗放型向集约型转变，绿色、低碳、循环发展成效将逐步显现

我国在前期的城市智能化发展过程中，由于过于注重基础设施的建设，出现了重复建设、资源浪费和高能耗等问题，而欧洲的城市智能化发展围绕城市特色，注重城市历史文化，以绿色低碳为主题，以科研带动并引领城市智能化的持续发展，为我国城市发展提供了很好的借鉴。从城市发展的现状来看，城市空气污染、水污染、高能耗、垃圾处理等成为城市发展建设过程中迫切需要解决的问题，是未来城市智能化发展的重点。

绿色、低碳、生态已逐渐成为我国城市建设的主要目标。党的十八大明确提出要加强生态文明建设，建设美丽中国，并把生态文明建设与经济建设、政治建设、文化建设和社会建设提到同等高度，将其列为中国特色社会主义的"五位一体"总体布局之一。2014年《政府工作报告》指出，"雾霾天气范围扩大，环境污染矛盾突出，是大自然向粗放发展方式亮起的

红灯"，"我们要像对贫困宣战一样，坚决向污染宣战"。2015年3月，中共中央政治局会议明确提出，要协同推进新型工业化、城镇化、信息化、农业现代化和绿色化，牢固树立"绿水青山就是金山银山"的理念，切实把生态文明建设工作抓紧抓好。党的十八届五中全会提出创新、协调、绿色、开放、共享五大发展理念，引领我国"十三五"期间的发展建设。党的十八届五中全会公报指出，要"促进人与自然和谐共生，构建科学合理的城市化格局"。可见，城市智能化发展不仅有助于缓解我国供给侧结构性矛盾，而且对于构建绿色生产方式、生活方式和消费模式，构筑科学、智能、绿色、低碳良性循环的城市生态系统具有重要意义。

（五）从重点防范到全面可控，城市数据安全得到有效保障

在城市智能化发展过程中，基础设施和数据资源是城市智能化高效、智能、平稳运行的核心与基础，如果城市智能化发展进程中的信息安全、网络安全和基础设施安全无法得到保障，智能将无从谈起。

城市智能化发展早期，微软、IBM、思科、亚马逊等跨国公司借助其先发优势，深度参与我国城市智能化发展，参与建设了一些重要的信息基础设施，这埋下了一定的安全隐患。大数据服务于城市智能化发展的同时，也为城市安全带来了新的威胁和安全隐患。大数据时代，可以从海量数据中挖掘其潜在价值，而通过对不同领域数据的整合、关联、分析、挖掘，可能获得意想不到的价值，但其背后也隐含着不可估量的风险。

随着我国信息化的不断深入以及大数据时代的到来，国家层面对信息基础设施和数据的安全问题越来越重视。2012年，国务院下发《国务院关于大力推进信息化发展和切实保障信息安全的若干意见》，要求"采取更加有力的政策措施，大力推进信息化发展，切实保障信息安全"。2015年7月1日施行的《中华人民共和国国家安全法》，其中第二十五条将网络和信息安全纳入国家安全的范畴，并专门强调了实现关键基础设施和重要领域信息系统及数据安全可控的重要战略任务。因此，在新一轮城市智能化发展过程中，保障数据安全将成为城市智能化发展的战略重点。

第2章

i City

智能城市大数据的作用及应用

智能城市系统实质上是一种基于泛在网络及其组合的、三元空间深度融合的、提供智能城市资源与能力、按需服务的智能城市服务互联系统，城市大数据正是城市智能互联的主要驱动力和核心产出（李伯虎，2016）。智能城市系统架构如图2-1所示。

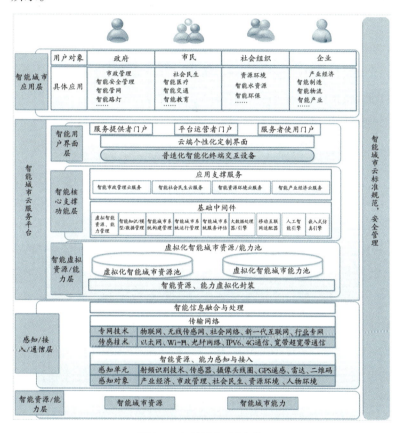

图 2-1　智能城市系统架构

一、智能城市大数据概念

（一）定　义

1997 年，美国国家航空航天局（National Aeronautics and Space Administration，NASA）研 究 员 Michael Cox 和 David

Ellsworth 在美国电气与电子工程师学会（Institute of Electrical and Electronics Engineers，IEEE）的第八届国际可视化学术会议中首先提出了"大数据"（big data）这一术语（Cox et al.，1997），但并没有引起太多重视；2008 年 9 月，Nature（《自然》）出版了大数据专刊，大数据在科学研究领域得到了高度重视；2012 年 3 月，美国政府发布《大数据研究和发展倡议》，大数据引起了全社会的重视，一场大数据引发的变革开始向世界各地渗透。

就各国际机构给出过不同的大数据的定义。麦肯锡的定义："大数据"是一个规模大到在获取、存储、管理、分析方面大大超出了传统数据库软件工具能力范围的数据集合，具有海量的数据规模、快速的数据流转、多样的数据类型和价值密度低四大特征（McKinsey Global Institute，2011）。高德纳咨询的定义："大数据"是需要新处理模式才能具有更强的决策力、洞察发现力和流程优化能力，以适应海量、高增长率和多样化的信息资产。维基百科的定义："大数据"是无法在可承受的时间范围内用常规软件工具进行捕捉、管理和处理的数据集合。国内学者和研究机构对大数据也有不同的认识。魏伟（2014）认为，大数据重要的是体现价值、发现价值；工业和信息化部电信研究院（2014）指出，大数据是具有体量大、结构多样、时效性强等特征的数据。李国杰（2013）认为大数据＝海量数据＋复杂类型的数据，并总结了大数据的"4V"特性：数据量大（volume），目前一般认为 PB 级以上的数据是大数据；种类多（variety），包括文档、视频、图片、音频、数据库数据等；速度快（velocity），数据生产速度很快，要求数据处理和输入／输出速度很快；价值大（value），对国民经济和社会发展有重大影响。李仁涵（2015）认为，大数据应具有"5V"特点，即海量（volume）、高速（velocity）、复杂（variety）、真实（veracity）、有价值（value）。可见，大数据概念宽泛，各领域按照自己的理解来研究和发展大数据。

城市大数据作为大数据的主体，在城市智能化发展过程中，将发挥越来越重要的作用。其是指城市的政府、公共机构、企业、个人利用新一代信息技术手段获取和汇聚的各类城市环境资源与设施设备，以及个人与集体等主客体所产生的动态及静态数据。其能够刻画政府服务、民生诉求、城市规

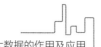

划、交通疏导、环境监测、健康医疗、能源消耗、经济运行、城市安全与应急响应等领域的情况。Thakuriah 等（2015）将城市大数据分为五类，即基于传感器系统的数据、用户生产数据、政府管理数据、客户和交易记录数据、艺术和人文数据等。城市大数据的分类有多种，因为城市的数据信息为网状结构，分类可依处理方法和应用目标而定。中国城市的大数据常用以下几种分类（Pan，2016；李伯虎，2016）。

（1）按城市功能的供给侧划分。此分类的基础是城市现有的管理系统，也就是现有城市层次组织数据的聚集系统，这种划分具有组织促进力。

（2）按城市服务的需求侧划分。可按不同需求者划分，如居民、企业、机关等，方向不断细分，对应各种城市应用服务系统，具有应用促进力。

（3）按城市数据的来源划分。如划分为城市物理系统的传感器数据，城市人及其组织的经济活动类、社会活动类、科教文类活动数据，以及城市人的生活类数据。

（4）按数据形式划分。如划分为能够用数据或统一的结构加以表示的结构化数据，如数字、符号，介于完全结构化数据（如关系型数据库、面向对象数据库中的数据）和完全无结构的数据（如声音、图像文件等）之间的半结构化数据，如 XML、HTML 文档，没有预先定义数据模型或者不适合用关系型数据库保存的非结构化数据，如办公文档、文本、图片、各类报表、音频／视频信息等。

（5）按专业领域划分。如划分为以公共安全、医疗、交通等领域为代表的城市管理大数据，以电信、金融保险、电力、石化等系统为代表的社会民生领域大数据，以气象、地理等系统为代表的资源环境大数据，以其他商业销售、制造业、农业、物流和流通等为代表的产业经济大数据，以及以百度、阿里巴巴、腾讯等互联网公司为代表的基础支撑大数据。

（二）特　点

城市大数据除具有数据体量大、数据类型多、价值密度低、处理速度快，以及不确定性、随机性特征外，还有其特殊性（Pan et al.，2016）。

（1）层次性。例如电子病历是按照医院、区域加以组织的，医学图像是按照设备、医院加以组织的，医疗卫生数据既有个人的健康数据、医院病人的健康数据，又有社区和市卫生防疫部门的健康数据等。城市大数据的层次性深刻反映了城市物理系统和社会系统组织的层次性。

（2）完整性。城市经过长期的运行与发展，各系统管理的覆盖度越来越高，例如近年来中国城市环保数据的覆盖度正在迅速提高。这种完整性的迅速改善，使城市大数据具备日益精确地揭示城市整体发展规律的能力。

（3）关联性。城市各类数据之间具有很强的关联性。例如城市的物流信息既包含在物流企业数据中，也包含在制造业、商业数据中，交通数据中，甚至金融数据中。这些关联性不仅可用以相互印证，还可用以协同推理与挖掘规律。

城市大数据涵盖了城市的方方面面，可以预见，未来从政府决策与服务，到人们的生活方式，再到城市的产业布局和规划以及城市的运营和管理，都将在大数据的支撑下走向智能化。城市大数据的出现，使人类在历史上首次能够对城市复杂巨系统进行全面实时的描述，但是具体能够描述到什么程度，关键取决于对人工智能技术的利用程度。

二、城市大数据是智能城市建设的核心

城市在运行过程中，各种基础物理设施和市民源源不断地产生各种信息，形成了很多信息库和数据中心，通过交换共享将它们打通，便形成了城市大数据。城市大数据的可采性和可融性，使得其对城市智能化发展具有广泛的影响。事实上，城市智能化发展是一个从分到合、由浅入深的过程。从我国城市智能化发展路径看（见图2-2），首先从建设中间层的各种智能应用系统如智能医疗、智能电网、智能交通、智能物流等着手，然后分别向上、向下进行深入拓展：向上通过城市大数据和云平台，打通"数据孤岛"，综合运用大数据，推进分析、预测、决策与规划的智能化；向下通过物联网等的建设，形成高效的感知城市的传感器和网络，实现环境、交通、城市管理，

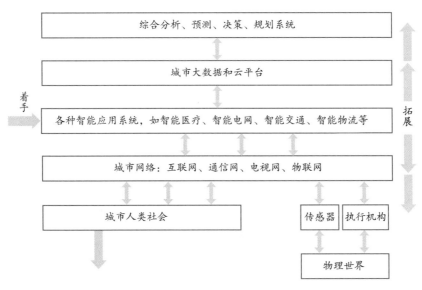

图 2-2　我国城市智能化发展路径（中国智能城市建设与推进战略研究项目组，2015）

以及人流、物流、信息流等的改善，实现人、物和信息"三元空间"的互通互融（潘云鹤，2015）。

（一）城市大数据是智能城市的战略资源

城市大数据实质上就是复杂城市系统的基础、过程以及实时状态的数字表达，城市的智能化则是通过数据分析处理与应用获得支撑和保障城市协同运营的科学决策信息。

大数据是基础资源。大数据将成为可以与土地、资金、物质资产和人力资本相提并论的重要基础性资源，可以提高企业和公共部门的生产率与竞争力。

大数据是重要的生产要素。大数据的演进与生产力的提高有直接关系。随着信息网络技术在国民经济各领域的不断渗透，各产业部门界限被打破，信息连接的深度与广度不断增加，实现了人、设备、服务、场景的连接。大数据在未来中国的发展中将有更大的舞台，在确保充分获取和共享大数据的前提下，掌握大数据挖掘、分析和利用的技术，就能让大数据成为实现经济转型升级的基础要素。

（1）政务管理方面。政务大数据是智能城市管理的基础资源。经过十多年的政府信息化建设，各个部门的信息化平台都是自成体系，形成了"数据孤岛"。大数据体系应该从各个部门的信息中心或者数据中心入手，通过数据资源体系弥补过去在不同行业中数据对管理和决策支持的空白。在用政务大数据技术把面向业务的数据转换成面向管理的数据的同时，政府信息管理的能力也能得到很大的提升，大数据成为一种有灵性的智能战略资源。

（2）国计民生方面。构建以人为本、惠及全民的民生服务新体系，就必须依托大数据，发现民生需求、丰富服务种类、提高服务质量，在健康医疗、养老服务、劳动就业、文化教育、交通旅游、社区服务等方面不断满足人民群众日益增长的个性化、多样化需求，加快民生服务普惠化。展望未来，结合大数据战略和"互联网＋"行动的实施，各地将加快大数据在民生领域的应用探索和普及推广，使大数据更加深入地走进百姓日常生活中，真正实现智慧生活、信息惠民。

（3）国民经济方面。数据可以为世界经济创造重要价值，提高企业和公共部门的生产率与竞争力，并为消费者创造大量的经济剩余。生产、流通部门以及与之相关的各个部门形成一个复杂的系统，这个系统产生的大数据，可以促进智能经济、经济转型升级的发展。

（4）环境方面。在经典的理论层面上，城市环保大多通过环境系统建模的方式，运用数据和模型来定量人类活动所造成的环境影响，寻求可行的污染防治对策，探寻促进经济与环境协调发展的可能路径。但由于环境系统极为复杂且存在大量不确定性因素，问题的模糊性和数据的稀疏性都会对模型的应用价值造成很大影响。利用海量数据，可能为城市环保提供新的、更有效的手段，大数据有望成为信息化条件下开展环境执法工作的有力抓手。通过加强数据信息采集、实现数据整合共享、建立智慧环境执法系统、加强环境执法信息化建设，可以形成指标覆盖全面、疑点提取精准、应对简便灵活、整改绩效明晰的环境执法信息预警体系。

（5）决策参考方面。大数据分析有助于做出科学的行政决策，通过建立评估和预测预报模型预测事物未来发展趋势，政府可以在行动前精确预判各项管理措施的预期效果，降低管理风险。

（二）城市大数据是智能城市建设的驱动力

1. 城市大数据是智能城市建设的新思维

城市大数据的出现为深入研究城市运行和发展提供了新的思路（Foth et al.，2011；Bays et al.，2012；Batty，2013；Wu et al.，2014），成为重塑城市竞争优势的新机遇（Kitchin，2014）。在全球信息化快速发展的大背景下，大数据已成为城市重要的基础性战略资源，利用城市大数据的规模、质量和应用优势，挖掘和释放数据资源的潜在价值，提升大数据的社会价值和经济效益，能够有效提升城市竞争力（李国杰，2015）。同时，大数据也已成为推动城市经济转型发展的新动力（Lepri et al.，2015），大数据正在推动生产要素网络化共享、集约化整合、协同化开发利用，促进生产原料、技术、人才和资金的流动模式创新和商业模式创新，成为促进企业业务创新增值、提升企业核心价值的重要驱动力，不断催生新业态，挖掘新的经济增长点。另外，大数据为提升政府治理能力提供了新的途径(马朝辉等,2016；范灵俊等,2016)，大数据能够揭示传统技术方式难以展现的关联关系，挖掘看似无关的知识间的相关性并汇聚形成新知识，通过定性化判断和定量化分析实现对城市发展的诊断和评估，提升政府利用数据进行决策的能力，为有效处理复杂的社会问题提供新的手段（邬贺铨，2013；明仲等，2013）。

2. 城市大数据是智能城市建设的新工具

城市大数据的目标、方法及应用之间的关系如图 2-3 所示。

城市系统分析需要以大量的经济、社会、行为、生物和物理原理等基本理论作为支撑，对复杂的相互作用、运动、交易、贸易、其他城市动态和扩散模式进行模拟。当前，一些城市模型主要是针对城市经济发展及基础设施规划和方案的评价；另外一些城市模型尝试经验性理解城市动态和理论验证城市概念，并将结果应用于城市相关部门的短期运营与管理中。然而，城市大数据已变得与数据驱动模型紧密相关，无需社会、心理、经济和区域规划

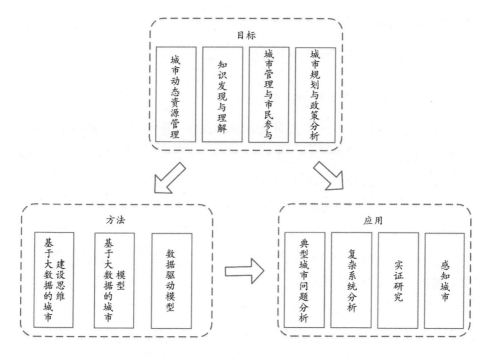

图 2-3　城市大数据的目标、方法及应用之间的关系

等城市研究理论框架的支持。数据驱动模型给城市研究带来了新的方法论，尤其是使用一些高度非结构化和多类型的大数据，通过自底向上的方法对城市系统进行理解和分析，在改进城市动态资源管理、知识发现与理解、城市管理与市民参与、城市规划与政策分析等方面具有重要意义。

传统的城市系统分析方法在城市区域的主要应用包括衡量城市内两点间旅游者和服务的流动数据模型（Sen et al., 1995）、城市发展和结构模型，以及城市交通与土地利用相互作用的模型等（Fujita, 1988）；在非城市区域的主要应用是交通网络动力学与出行方式选择分析（Ben-Akiva et al., 1985），包括住房动力学和居住区位理论模型、区域和地方经济模型、劳动力市场模型、产业区位和集聚模型等（Fujita et al., 1999）。这些城市系统分析方法通常是基于数学方程的，并借鉴了运筹学和统计技术，其对应的模型及大量的改进版本是近几十年来城市规划、政策制定和运营决策的基础。同时，以往的城市系统分析方法通常使用传统的人口普查和调查数据，是在较小程度上汇聚的管理。然而，随着许多城市大数据源的出现和使用，除了需对数据本身进行专业管理和处理外，还需要对传统城市系统分析模型进行重大修改，甚至需要研究全新的模型或结合数据科学的方法。当前已有越来越多的城市大数据被使用在这些城市典型问题研究中。例如，通过 GPS 数据估计从旅游起点到终点的旅客流量（Zhang et al.，2010）；利用详细的高速公路数据、主街道传感器数据，结合其他数据对就业可达性进行衡量（Levinson et al.，2010）；使用政府管理数据对劳动市场动态进行研究，利用社交媒体数据预测劳动力市场流动和失业指数、求职指数以及招聘指数（Antenucci et al.，2014）；利用在线房屋搜索数据研究房地产市场动态（Rae，2015）；另外，一些研究者利用社交网络数据进行城市交通规划（Kowald et al.，2015）、同群效应检测。

城市模型能够对城市的宜居性、社会包容度、差异化的运行决策和政策策略提供经验性分析，这方面的工作主要集中在社会排斥、工作联系和社会服务方面（Batty，2013；Bays et al.，2012；Thakuriah et al.，2013），包括分析老龄化问题、健康与就地养老问题（Thakuriah et al.，2011）、残障人需求问题（Reinhardt et al.，2011）等。城市管理数据在这方面的应用所产生的知识对城市化进程和政府管理起到了显著的促进作用，如进行福利改革和经济衰退后的紧缩措施的评估。关联数据、纵向城市管理数据能够支持对随时间变化的社会正义和城市效益复杂系统的分析与理解（Evans et al.，2010）。随着 ICT 的发展，新的解决方案允许我们对市民生活质量和幸福感在更细粒度水平上进行评估。通过相关辅助技术和 ICT 应用产生的个人数据能够用来评估城市生活质量的影响因素，为老年人和残疾人设计生活解决方案，支持城市健康发展（Lin et al.，2011）。

ICT 的发展导致了一系列新的模型出现，如市民参与问题解决、规划和设计采购、投票表决以及项目想法分享等。通过感知城市及其不同的行为和使用模式，数据驱动模型已经激发了对城市问题的广泛研究，包括建立参与式传感系统的城市参与，基于位置的社交网络、旅游保健和健康应用，以及移动性和业务分析等；其他方面的应用包括城市资产和基础设施的动态资源管理，流动人口的协助生活和社会包容，以及社区危机信息感知等。如社交媒体分析的主要好处之一就是能够即时原样地感受人们的观点、意见和情绪，以及随时间和空间扩散。通过社交媒体分析，政策制定者能够及时监测民意，预测社会发展趋势，这种方式正在受到主要政府部门的鼓励，他们越来越多地认识到社交媒体在了解民众方面的重要作用，如城市哪些区域需要什么、公众对重大政策变革以及政治事件的反应等（Golbeck et al.，2013）。

数据驱动也在学习分析（Picciano，2012）、基于位置的社交网络（Zheng et al.，2011）、基于协同滤波的推荐系统（Ludwig et al.，2009）、基于社交媒体的异常发现（Sasaki et al.，2012）等方面具有重要的应用。试想，如果能够对这些信息流进行不间断的收集，并结合其他社会统计数据，这将可能捕捉到更大程度上的城市动态变化。

综上，城市大数据正被越来越多地用于一系列的城市问题的研究和解决。通过新形式数据同现存城市模型的结合，以及最新数据驱动模型，能够及时研究城市发展过程和行为，并能够更加详细地检验城市进程的相关问题及局部经验。

（三）城市大数据是智能城市管理的有效手段

1. 城市大数据是城市管理的预测器

在大数据时代，人们可以利用大数据技术挖掘出事物之间隐蔽的相关关系，获得更多的认知。建立在相关关系分析基础上的预测正是大数据的核心价值。

现代城市的复杂性让城市管理更为复杂。在城市管理运行过程中，会产生大量的数据，比如户籍信息、交通数据、企业注册信息等，这些数据经过长期的累积，已具备大数据所应有的特征。对这些数据进行挖掘、分析，揭示城市管理运行中的经验规律，可以为城市管理决策提供数据依据。下面以三个典型案例进一步阐述。

（1）对于供给侧结构性改革而言，大数据能够集中反映市场需求变化，打通供需之间的内部联系，总结规律、预测趋势、辅助决策，为改革提供精

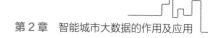

细化服务。推动供给侧结构性改革，落实"三去一降一补"，并不是忽略需求的作用，而是要坚持以市场需求为导向，增强供给结构对需求变化的适应性和灵活性。大数据具有海量、多样、快速、真实等典型特征。利用大数据进行分析，企业能够找准市场需求、明确发展定位，进而创新产品、优化流程、降低成本、提升效益，政府也能够及时追踪企业乃至整个行业的发展动态，精准助力改革（陈清，2016）。

（2）在城市规划方面，收集城市地理、气象等自然信息和经济、文化、人口等人文社会信息，通过建立分析模型将这些数据有机关联起来并进行分析挖掘，可以有效预测城市未来发展，为城市规划提供强大的决策支持，强化城市管理服务的科学性和前瞻性。

（3）在舆情监控方面，通过网络关键词搜索及语义智能分析，能提高舆情分析的及时性、全面性，全面掌握社情民意，提高城市公共服务能力，应对突发的网络公共事件，打击违法犯罪。在安防与防灾领域，通过大数据的挖掘，可以及时发现人为或自然灾害、恐怖事件，提高城市应急处理能力和安全防范能力。例如采集、记录市民求助热线，借助电信运营商掌握的用户地址信息，将每个电话与地理信息关联起来；结合微博、微信等各类社交网站与工具以及道路监控设备等信息，进行深入分析，城市管理部门可以及时对潜在问题进行预判，通过应急预案组织或告知市民避险。

2. 城市大数据是城市管理的诊断器

现代城市是一个复杂的巨系统，在城市发展和城市运行过程中产生问题是不可避免的，而且问题的影响因素也是复杂的。如何实现快速、低成本的问题诊断成为智能城市管理的关键，特别是我国在推进新型城镇化建设过程中，包括城市公共服务（布局和供给）不均衡、城市运行效率低、城市社会空间割裂等在内的城市问题会集中爆发。城市健康主要涉及健康经济、健康文化、健康社会、健康环境、健康管理等，发现问题、诊断问题、解决问题是城市管理智能化的必然途径。随着ICT的快速发展和智能城市建设的全面推进，城市内部各种传感器、摄像头的安装，以及微博、微信等社交网站的普及，大量数据源将会产生，从而为我们提供新的观察城市、分析城市和研究城市的平台，提升我们在公共服务（各类城市空间的布局和各项政府供给服务）、经济运行效率（产业选择和发展模式、资源供给和分配）、群体社会空间（居民认同感、社会犯罪、城市文化）、生态环境（居民生活环境、自然灾害）等关键领域解决问题的能力。

3. 城市大数据是城市管理与治理的倍增器

大数据应用能够揭示传统技术方式难以展现的事物关联和关系，推动政府数据开放共享，促进社会事业数据融合和资源整合，将极大地提升政府整体数据分析能力，为政府有效处理复杂的社会问题提供新的手段。

（1）大数据提升政府统计能力

大数据极大地丰富了官方统计数据来源。很多大数据可以实时提供，满足即时需要，有助于提高官方统计的时效性。大数据的利用，为传统统计数据提供了更多验证和补充，有利于增强官方统计数据的真实性，进一步完善数据质量控制体系。

（2）大数据是提升城市治理水平的智能化工具

在城市治理的实践进程中，运用恰当的信息技术工具是提升治理水平和治理能力的有效手段。悄然而至的大数据时代，给城市治理提供了全新的渠道。大数据作为提升城市治理水平的战略资源和技术手段，能够优化治理过程，扩展治理的有效空间，是提升治理能力、推动城市健康发展的有效工具。

● 大数据提升科学决策水平。大数据作为一种理念、一种技术、一种战略资源，正成为政府坚持科学决策、民主决策、依法决策的新手段和新工具，大数据能够更加准确、动态地反映客观事实，对治理对象有着更加科学、深入的认知，为决策过程提供科学精准的决策依据，使得治理主体能够精准把握相关事件发展的规律和倾向，从而提高治理主体科学决策的能力。

● 大数据推动城市治理理念创新。大数据可以突破时间和空间的限制，从更深层次、更广领域促进政府与民众之间的互动，形成以政府为主导、以公众为主体、以公共服务为导向的多元协同的城市治理新格局和新理念。

● 大数据重塑城市治理模式。大数据时代带来的不仅仅是技术的变革、应用的变革，更是思维方式的创新、行为模式的创新，因此，大数据在应用

于城市治理的同时，也推动着城市治理模式的创新。治理从线下走到线上，从电子政府发展到云政务，大数据推动行政流程再造，治理模式呈现出网络化、互通化、数字化、扁平化、标准化、快捷化以及高效化等特点，政府的工作效率和水平得到提升。

● 大数据提高政府服务效能。党的十八大报告提出，要"建设职能科学、结构优化、廉洁高效、人民满意的服务型政府"。大数据能够提升城市公共服务的质量和范围，加快服务型政府建设目标的实现。政府利用大数据可以进一步了解、挖掘城市居民的需求，提供更加全面具体、精准有效的公共服务，满足公众的多元化需求；可以了解"双创"政策落地成效，反馈和诊断"最后一公里"症结所在，聚焦"痛点"、瞄准"堵点"，有针对性地为公民创办企业服务，为企业"松绑"减负，营造亲商氛围，更好地为创业创新清障搭台；可以加强部门之间的信息及时共享和沟通，打破部门之间的"信息孤岛"，理清权限和职责，改变部门间各自为政的割裂状态，从而提升部门的办事效率，使各部门能够为公众提供更加高效的服务；可实现对决策过程的实时动态监控与预警，减少差错和舞弊行为，对建设阳光、高效、服务型政府具有积极意义。

（3）大数据是提高民生服务水平的智能"源头"

大数据在各民生服务领域的探索应用，成为政府改善民生、服务群众的有效手段，使得政府向市民提供方便、精准和快捷的民生服务成为可能。

通过对城市居民经济数据的分析和挖掘，有效确定困难群众、优抚对象，准确、及时、公平、有效地制定帮扶措施；通过对养老服务需求数据的获取、分析和发掘，精准、全面地了解城市养老现状，有效制定服务保障措施，优化调节养老服务资源，为城市居民养老提供支撑；采集城市各项基本数据，建立民生服务数据平台；利用大数据手段和技术，将影响城市环境的各种数字信息及其他信息资源加以整合并充分利用，为优化城市环境提供科学依据，打造城市绿色家园；通过对交通数据的实时收集和分析，实现个人出行的个性化、方便化、智能化，同时有助于缓解交通压力，让市民享受便捷、畅通的交通服务；通过对医疗领域海量数据的整理、开放和应用，调节医疗资源不合理的分布，改善医疗服务质量差的问题和缓解看病难的问题；

根据患者的个人健康数据更好地辅助医生治疗，同时开发全新医疗个性化服务及自动服务，通过大数据在线应用更好地普及健康知识，让人们获取在线医疗咨询等，使公众能够享受到更加公平、便捷、有效的医疗服务，让智能医疗走进群众生活；通过大数据技术的开发和应用，丰富教育的模式，扩展知识获取的途径，缓解教育资源分配不均衡带来的问题，同时更加全面地了解学生的发展，有针对性地制定个性化、差异化的教育和学习方案，辅助教师确定最有效的教学方式。

（4）大数据为城市公共安全保驾护航

大数据时代的到来，开启了以数字化、智能化为核心的城市公共安全建设的新阶段。利用大数据、云计算等相关技术手段对海量数据进行有效的采集、分析和利用，通过数据开放和共享，打通城市内部的"数据孤岛"，为城市安全实时监测、科学预警、精准分析提供基础，为防控城市公共安全风险和构建及时、科学、有效的智能城市安全管理运行体系提供新途径、新手段，使政府的城市公共安全管理迈向科学化、精准化和智能化。

在安防领域，随着平安城市、天眼工程等项目的推进，安防监控系统已深入到各个领域和地区，依靠大数据分析既可以做到有效的事前预警，又可以为抓捕犯罪嫌疑人、打击犯罪行为提供帮助。在灾害预防方面，通过对地理、气象等自然环境数据的历史数据的分析和实时数据的监测、分析，可以及时发现人为事故或自然灾害，提高应急处理能力和安全防范能力等。在交通安全方面，通过对视频等数据的分析和对监测区域的智能感知，抓拍逆行及闯红灯现象、识别车牌、统计车流、调节信号灯，使得城市交通更加安全、通畅。

大数据在城市安全方面的应用不仅如此，还可以通过监测、采集信用卡等经济安全类数据，空气质量、食品安全等公共卫生安全数据，以及危化品运输数据、安全生产监测数据等其他公共安全数据，利用大数据技术挖掘、分析，精准、快速地做出安全评估和预测，有效辅助政府决策，为城市公共安全提供强大的支撑，以保障城市公共安全，使城市安全管理与服务更加及时、科学、有效。

总之，大数据为城市公共安全提供了强有力的支撑，为城市公共安全智能化提供了无限的可能。牢牢把握互联网条件下的大数据的应用，建立大数据智能城市安全的理念，推动智能城市公共安全与大数据的高度、高效融合，可以更好地把握城市安全的态势，推进智能城市建设进程，不断提高城市公共安全建设和服务的水平，为建设更加安全、美好的城市保驾护航。

三、城市大数据在智能城市建设中的新应用

随着我国城市大数据的发展，融合不同部门、不同领域的数据，有望在城市智能化发展中催生一些新应用，应用的领域主要包括（但不限于）城市规划、城市交通、城市环境、健康医疗、城市能耗、城市经济、城市安全与应急响应等。虽然这些应用早已存在（秦萧等，2014；李喆等，2014；许庆瑞等，2012；巴蒂等，2014；潘云鹤，2015；张兰廷，2014；Zheng et al.，2014），但城市大数据能够重新演绎并发展这些领域。

（一）城市规划

（1）辅助交通规划决策。融合源于交通部门、地铁站、公交公司以及包括高德地图、百度地图、腾讯地图在内的 APP 数据，结合交通出行数据，建立交通规划辅助决策平台，分析测算人们的出行路线、交通偏好以及路面的拥堵情况等，为优化交通规划提供有效信息。如利用高速和环路等主干道将城市分割成区域，然后分析大规模车辆在不同区域之间行驶的一些特征，找到连通性较差的区域，从而发掘现有城市道路网的不足之处；将对城市出租车一段时间的轨迹数据的分析结果作为制定下一步规划的参考建议，同时，通过对比连续两年的分析结果，验证一些已经实施的规划（如新建道路和地铁）是否真的有效。

（2）城市功能区域识别。融合手机数据、公交刷卡数据、GPS 数据、社交网站签到数据等移动定位大数据，能够对城市不同功能区域进行识别。例如通过出租车的 GPS 数据，能够发现载客量的周期变化规律，以及市中心、居住区、机场、车站、郊区五个点的载客量不同的时间序列，进而利用城市

"源—库"（source-sink）模型，通过计算上下客人次的差值聚类分析土地利用现状。如果进一步结合源于手机 APP 的娱乐消费方式数据，还能够对不同社会群体甚至社会阶层的空间行为做出较客观的描述，从而为应对老龄化社会的城市老年人设施建设、社区规划管理等社会问题研究提供基础资料。

（3）预测群体出行行为。目前百度地图已经可以提前两周预测某个城市的大概人数规模。可将这一预测算法应用于城市交通，即结合城市交通部门数据、城市景点搜索数据等，预测群体出行的态势，并对人群可能出行的时间、路线、方式等进行预测，从而为城市车辆调度提供决策帮助。同时，这些预测出来的群体出行行为数据也将为个人出行提供更加精确的服务，帮助个人决策。

（4）居民时空行为研究。综合 GPS、地理信息系统（geographic information system，GIS）、社交网络、移动手机及智能卡等数据，结合核密度分析，依据特定用户在不同地方发布信息的密度或频次来判断用户的活动地点和行为，可构建基于社交网络数据和传统人口普查数据的居民时空行为模型；基于社交网站在线照片数据能够重构居民的活动信息数据库，包括提取照片情感和地理信息、模拟基于照片的社交网络结构以及拍照者的时空行为。

（二）城市交通

（1）城市公交精细化调度与管理。综合公交车辆状态、站点、车辆行驶、客流等数据，通过数据集成、分析，形成各类数据应用，分别为公交企业、公众出行者、政府管理部门提供公交调度服务、公交个性化信息服务以及公交行业监管服务，彻底解决公交站点智能维护、公交"飞站"、车距监管、精准报站、发班与客流匹配等公交运营和监管难题。

（2）城市交通枢纽换乘、衔接服务推荐。融合公路数据、两客运输数据、港口航运数据、地面公交数据、出租车动态运行数据，借助数据挖掘技术，实现基于多种服务载体（包括移动终端、网站、触摸屏等）的地面公交、出租车、长途汽车、轨道交通、铁路之间综合换乘与衔接的信息服务及出行

方式推荐，建立具有国际先进水平的智慧交通便民服务体系，为乘客提供全方位、便捷的交通出行信息服务，显著提升公众交通体验。

（3）城市交通运输运行监测与预测预警。综合公路、运管、港航、公共交通客运、物流等数据，建立行业管理辅助决策系统，加强智慧交通大数据的挖掘和分析，实现交通运输运行监测与预测预警，提升交通运输宏观决策水平和行业监管能力。综合城市空间地理数据、交通相关行业数据以及全国地图数据，建立统一、规范、标准的城市"交通一张图"地理信息共享与服务平台。

（4）城市交通综合违法管控及交通突发事件分析决策。综合公路/道路/水路运政、航政、港政、海事等跨行业跨部门行政执法数据，建立高效的综合违法管控体系，实时发布执法情况，实现跨业务协同联动执法和交通运输非现场执法。结合"两客一危"运输行业数据和港口安全生产的安全监管数据，建立城市交通运输安全管理信息库，搭建交通应急组织管理决策支持系统，实现交通突发事件的预测、预警、应急管理及决策分析等。

（三）城市环境

（1）城市空气质量污染监控及预测。综合利用地面监测站的历史和实时空气质量数据，结合交通流、道路结构、兴趣点（point of interest，POI）分布、气象条件和人流规律等大数据，利用机器学习算法建立数据和空气质量的映射关系，从而对整个城市细粒度的空气质量进行推断。群体感知方法是监控及预测空气质量的又一方式。为此，可通过设计新产品或在移动设施（如公交车、出租车等）中加装 PM2.5 传感器的方式对数据进行收集（Pan，2016），相比于从地面监测站获得数据，数据密度将大大提高。

（2）城市噪声污染监测。应对城市噪声污染通常需要了解整个城市的噪声状况和噪声构成，但城市噪声建模困难，同时声学传感器安装和维护成本高昂。此外，噪声污染的衡量不仅取决于噪声的强弱（分贝高低），还取决于人们对噪声的容忍度，而后者会随着时间的变化而变化。为此，可结合政府投诉数据、路网数据、POI 数据以及社交媒体中的签到数据来协同分析各个区域在不同时间段和噪声类别上的污染指数，为政府决策提供参考。

（3）城市污染源的全生命周期管理。实时收集污染源全生命周期的全部信息，融合污染源在线监测、视频监控、动态管控、工况在线监测、刷卡排污总量控制等数据，基于每个节点每个时间点的各类数据，利用大数据分析技术，进行点对点的数据化、图像化展示。这有利于快速识别排放异常或超标数据，并分析其产生原因，以帮助环境管理者动态管理污染源企业，并有针对性地提出对策。

（四）健康医疗

（1）辅助临床决策。结合电子健康档案数据、电子病历数据、疾病监测数据等，精准分析患者的体征、治疗费用和疗效等，可避免过度治疗和副作用较为明显的治疗措施。通过进一步比较各种治疗措施的效果，帮助医师更好地确定效价比最高的治疗措施，提醒医师避免出错，如患者对药品产生不良反应、过度使用抗生素等，帮助医师降低医疗风险。已有研究证实，临床决策支持可以有效改善患者的预后，提高医疗质量。

（2）提高患者决策参与度。结合电子健康档案数据、医学科普数据、专业诊疗数据等，能够帮助患者真正理解不同检查和治疗措施的价值，如冠状动脉 CT 成像检查假阳性和假阴性的可能性以及付出的代价，包括费用和假阳性结果所致不必要的进一步检查和治疗等。同时帮助患者理解选择不同治疗措施的风险和获益，例如，当前列腺增生患者了解到外科手术虽然可以缓解尿流不畅的症状，但是可能带来破坏性功能的问题时，选择外科手术治疗的患者将减少 40%。有调查显示，如果患者真正地参与到决策中，英国国民健康保险制度（National Health Service，NHS）每年将节约 500 亿美元。和患者一起做出治疗决定、注重患者的想法、增加患者在决策中的参与度，可以提高患者的长期依从性和自我管理意愿，从而改善患者的预后。

（3）为疾病防控提供参考依据。结合电子病历数据及社区居民医疗数据，通过大数据分析，实现流行病与慢性病的调查、趋势分析和预警，可以为进一步制订防治、干预计划提供有力的参考依据。通过提供准确、及时的公众健康咨询，提高公众健康风险意识，降低疾病风险。

（五）城市能耗

（1）城市燃油实时消耗分析。融合出租车的轨迹数据、POI 数据和路网结构等，通过地图模型和环境学理论，估算出实时的城市汽油消耗量和尾气排放情况。这样不仅能给需要加油的用户提供推荐信息，帮助其寻找排队时间最短的加油站，而且能让加油站运营商知道各个地区的加油需求，从而考虑增加新的站点或动态调整某些站点的工作时间，同时政府也能够实时掌握整个城市的油耗，制定更为合理的能源战略。另外，还可以通过分析人口数据、车辆的轨迹数据、各地区能源消耗情况和 POI 的分布来研究未来新能源汽车的充电站建在何处最优。

（2）提高城市能源使用效率。综合城市市区水、电、气数据，通过大数据挖掘和分析技术，找出在哪个环节可以减少能源使用，或者根本不需要使用能源，智能化地响应市民和企业需求，并为政府和社会大众提供节能降耗、减排增效等政策的数据支撑，同时向供能企业提供用能信息，分析用能情况，促使其合理安排生产，降低能源损耗。

（六）城市经济

（1）辅助公司选址。融合 GIS、POI 分布、基于位置的服务（location based service，LBS）、用户签到等数据进行客流分析、客群画像、位置评估、竞品分析，并结合商业与人口演进理论和道路信息与人流量监控，从多维度分析客流来源和去向，为企业决策提供依据。同时，根据常驻居民和流动客群的数量与密度分布，以及商圈数据等条件，帮助企业全面评估某商业地点的风险和机遇，降低投资风险。

（2）城市区域房价走势预测。结合道路结构、POI 分布、人口流动等数据，采用机器学习算法和数据驱动的方法对房屋的价值排序，即预测在市场向好时，哪个小区的房价将会涨得更多，相反，在市场下行时，哪些小区房价比较抗跌。

（3）城市企业、行业运行态势分析。综合常住人口数据（人口基础数据、户籍地址数据、同户人员数据等）和暂住人口数据（人口户籍基础数据、房东基础数据、工作单位等）分析城市各企业员工流动情况以及流动去向，再结合企业纳税数据，判断企业的发展趋势，以及城市产业发展的变化态势。

（4）辅助工业结构调整、产业升级。融合企业、个体工商户、重点人群、社会团体、中介组织以及民办非企业单位数据，城市统计数据，以及法人单位基础数据等，运用大数据技术研究城市行业生态环境、城市生产生态环境，分析生态链上存在的薄弱环节，从而进行产业结构调整。例如，应用大数据技术分析企业和有关行业的生态关系（包括支撑企业生产的设备、人才配备等），确定该企业是否适合发展，哪些产业适合发展等。

（七）城市安全与应急响应

（1）城市建筑火灾指数预测与分析。综合城市人房数据、建筑物属性数据，通过对大量数据的分析能够计算建筑火灾危险指数。这样一来，消防员在出勤时可以根据建筑物的详细资料和危险指数，确定重点监测和检查的对象。

（2）车辆违章原因分析。综合车辆数据（车辆基本信息、购买人基本信息等）、违章数据（车牌、违章行为、违章地点、违章时间等）、驾照数据（驾驶人员基本信息、违章信息等），能够精准管控违章车辆。通过对违章车辆的数据进行深度分析，挖掘车辆违章的深层原因，继而做出有针对性的决策。

（3）违法犯罪预测与分析。利用违法犯罪人员数据，包括违法犯罪人员基本信息、违法犯罪的时间地点、处理信息和处罚信息等，能够分析违法犯罪行为同违法犯罪地点之间的行为模式、基于时间节点的犯罪类型等。基于上述分析，警方可以通过开展相关的预防违法犯罪工作来减少违法犯罪事件的发生。

（4）城市预警与应急联动响应。综合气象、环保、交通、公安、城管、卫生、质监、工商、林业、海洋渔业、水、电、气、工业生产等数据，通过对一些频发事故的历史数据的分析、挖掘及原因分析，能够对一些重大事件进行预测、预报；构建城市重大灾害（难）性事件应急联动指挥系统，形成城市重大灾害（难）性事件的统一平台，实现跨部门的现场协同作战。

第3章

i City

宁波城市大数据
现状分析

宁波一直以来高度重视城市信息化建设，多年的数字城市、智慧城市建设取得了显著的成效。在政务数据资源整合、智慧应用体系建设以及智慧经济发展等方面都走在了全国前列，并积累了海量城市数据资源，为城市大数据发展奠定了良好基础。在信息化快速发展的同时，宁波城市大数据的发展也面临着许多问题与挑战，如政务数据的跨部门整合共享程度较低、政务数据对社会开放相对滞后、大数据产业支撑较为薄弱等。2014年底，宁波市与中国工程院联合启动了"宁波城市大数据研究"重点咨询项目：基于城市层面大数据发展的特点规律和基本要求，研究提出了包含五大体系的城市大数据基本理论体系；研究提出宁波城市大数据发展的基本思路和对策建议；基于宁波城市大数据研究，向国家提出了促进我国城市大数据发展的建议①。宁波城市大数据研究项目的开展为本书的研究奠定了坚实的基础。

一、宁波城市大数据发展基础

（一）市政务云完成基础设施服务部署

　　政务云计算中心是宁波市智慧城市建设的重要基础设施，是实现城市经济、社会、文化、自然环境等各种信息资源融合、共享和应用的重要支撑平台，其定位是利用云计算等先进理念、模式和技术，按照智慧城市发展的要求，建设成为全市统一的信息基础设施服务平台、数据融合与共享平台、电子政务与智慧城市应用平台以及信息安全支撑平台，为今后政务数据开放和大数据应用打下基础。

　　2014年，宁波市人民政府下发《关于加快推进市政务云计算中心建设的实施意见》和《宁波市政务云计算中心管理办法》，

---

① 宁波城市大数据研究报告已于 2016 年 6 月上报至国务院。

在一定程度上从制度上解决了宁波市政务云集约化建设和数据共享问题。同时，制定了《宁波市政务云计算中心服务指南》，将政务云计算中心的所有资源目录化、服务化，并制定了一系列服务流程和责任规范，切实保障了政务云计算中心的安全运营。

政务云计算中心基础支撑体系已初具雏形，开始为智慧城市建设项目提供按需、可扩展的基础设施服务。同时，应用支撑环境建设也正有序推进。已有11个市级部门的近70个应用系统在市政务云平台上线使用，包括市政务服务网、市地理信息共享服务平台、市安全预警平台、市智慧交通平台等，已逐步形成了"基础设施全市统筹、应用开发部门为主、数据统一部署、资源共享高效"的发展局面。

（二）政务数据资源整合共享有序推进

政务数据资源整合共享架构日趋完善。宁波市在深入推进政务云计算中心建设的同时，围绕政务数据资源开发利用，理顺数据采集体系、标准规范体系、资源目录体系、分析挖掘体系、交换共享体系以及数据安全质量机制，努力搭建层次化数据布局架构，启动了面向城市综合数据整合和分析挖掘服务的统一数据架构建设，全面推进统一集中、弹性扩展的一体化政务数据资源共享服务体系建设，重塑政务数据使用环境，构建双向互动、有序交换、深度融合、按需服务、良性循环的集约化政务数据生态圈，从而规范和引导相关应用项目建设，改变多头建设、多头共享、无序交换、粗放发展的局面，促进政务信息化迈进统一规范发展新阶段。全市已形成"政务数据统一部署，基础数据统一集聚，业务数据深度融合，应用数据深入挖掘，主题数据跨地区、跨部门、跨层级共享，目录与交换体系完善"的政务数据生态体系，为发展政务大数据打下了良好基础。

目前，数据资源整合已实现全市所有共享数据统一汇聚、统一加工、统一共享，进一步减少了交换环节，构建了新型的数据共享和利用架构，应用效果显著。已形成公共域、行政审批域、征信域、行政执法域、人口域、法人库域、地理空间域等7个虚拟交换域，30多家市级部门，所有县（市）区，以及省政务信息资源交换平台接入，每月数据交换量达 6 000 多万条。

基础数据库和专题数据库等数据库开始提供应用层面的共享应用服务。自然资源和空间地理基础数据库为 29 个部门的 41 个专题应用系统提供在线应用共享；法人单位基础数据库已实现法人信息在多部门之间的交换共享；人口基础数据库已实现流动人口数据和户籍人口数据的核查、比对共享；信用数据库汇集了工商、税务、质监、环保、银行等 34 个部门所掌握的企业信用记录，在 24 个市级部门实现了实时数据共享。

二、宁波城市大数据资源情况

宁波城市大数据资源主要指政府部门掌握的政务大数据，是一个纵横交错的数据集合体系。横向上，政务大数据包括不同职能部门或管理领域的数据集；纵向上，政务大数据包括不同层级政府部门的数据集。下面根据宁波政府部门的数据调研结果，简要介绍各部门掌握的数据情况。

（一）政府数据资源日益丰富

1. 宁波市政府数据资源情况

宁波通过数字城市、智慧城市建设，其各专业条线各类信息系统已经积累了大量的数据资源，有关部门掌握的数据情况如表 3-1 所示。

表 3-1　宁波市政务部门掌握的数据情况汇总

部门名称	截至2015年底数据总量	2013—2015年数据量年平均增速	2016年预计数据量增速	数据种类
市卫计委	100TB	50%	70%	电子健康档案数据、电子病历数据、传染病数据、计划免疫数据（含冷链数据）、慢性病数据、公共卫生应急指挥数据、卫生GIS数据、120急救档案信息数据、公共卫生实验室数据、医疗字典、从业人员健康数据、电子健康档案平台数据、医疗单位影像数据、病理检验数据、区域心电诊断数据、疾病监测数据等

续　表

部门名称	截至2015年底数据总量	2013—2015年数据量年平均增速	2016年预计数据量增速	数据种类
市交通委	252TB	25%	25%	公路数据：道路数据、交叉口数据、桥梁数据、高架数据、交通事件数据、动态段数据、公路交通流量数据、实景影像数据、二维矢量地图数据、数字高程模型数据、公路路网视频监控数据等
				两客一危动态运行数据：旅游包车数据、长途客运数据、危化品运输数据、公路客运公司数据、长途客运车基础数据、客运线路基础数据、客运车辆班次数据、客运站点基础数据、违章处罚数据、车辆GPS定位数据、网站服务数据等
				港口航运数据：港口基础数据、航运企业基础数据、视频监控数据等
				地面公交数据：公交公司基础数据、公交车基础数据、公交线路基础数据、公交车位置GPS数据、公交站台基础数据等
				公共自行车数据：自行车服务点数据、自行车数据服务点动态数据（空余桩位以及可出借数量）等
				出租车动态运行数据：出租车公司基础数据、出租车基础数据、出租车位置GPS数据、出租车电召数据等
				质监数据：在建工程项目基本信息、质量监督信息、安全监督信息、检测监理信息、工地气象信息、视频监控数据等
				办公自动化数据：文件档案数据、网站数据、考勤数据等
				其他数据：交通建设市场信用数据、交通规划数据、交通建设资金数据
市城管局	42TB	15%	20%	智慧城管平台数据：案件数据、案件多媒体数据、案件坐标数据、人员（采集员、考评员、处置人员）数据、车辆（渣土、环卫、执法）GPS坐标数据、二维地图数据、车辆数据、视频监控数据、网格基础数据、采集员基础数据、卫星影像数据、城市实景数据等
				城市部件资源数据：上水井盖、污水井盖、交通信号杆、路灯等城市部件数据，包括编号、责任单位等

续　表

部门名称	截至2015年底数据总量	2013—2015年数据量年平均增速	2016年预计数据量增速	数据种类
市城管局	42TB	15%	20%	城管系统行业数据：市管道路数据、桥梁数据、高架数据，建筑垃圾经营服务企业基础数据，建筑垃圾运输车辆基础数据、清运卡车基础数据、"道路清爽行动"道路数据、车辆基础数据、检查考核数据、垃圾分类垃圾袋发放数量数据、分类质量数据、分类收运车辆GPS数据及检查考核数据、垃圾处置量数据，车辆、中转站、处置场监控数据，内河基础信息数据，内河审批数据，内河工程进度数据，内河水质数据，园林绿地古树名木数据，户外广告规划数据，行政审批数据，渣土车辆GPS数据，供排水管网数据，GIS营业收费数据，用户数据，各水厂日供水量数据，行政执法案件数据，案件流转审批数据等
市人社局	200TB	20%	35%	医保数据：参保人就医、零报、资格核准等
				统征养老数据：参保人参保待遇、养老账户、待遇发放等
				劳动就业数据：职业介绍、职业培训、就业登记、失业登记、待遇补贴享受等
市发改委	20TB	10%	10%	企业、个体工商户、重点人群、社会团体、中介组织以及民办非企业单位数据
市民政局	10TB	5%	5%	婚姻、死亡、户籍、车辆、房产、公积金、社保、就业、企业注册、涉税、土地、船舶等数据
				社会组织的登记信息、负责人信息、党建信息、年检信息、评估等级信息、奖惩信息等
市公安局	50TB	10%	15%	常住人口数据：人口基础数据、户籍地址数据、同户人员数据、变更信息等
				暂住人口数据：人口户籍基础数据、房东基础数据、工作单位等
				车辆数据：车辆基本信息、购买人基本信息等 违章数据：车牌、违章行为、违章地点、违章时间等
				驾照数据：驾驶人员基本信息、违章信息等
				违法犯罪人员信息：违法犯罪人员基本信息、涉及案件等

续　表

部门名称	截至2015年底数据总量	2013—2015年数据量年平均增速	2016年预计数据量增速	数据种类
市环保局	693TB	20%	10%	在线监控数据：企业在线监控环境数据、企业在线监控视频数据等
				污染源数据：全市污染企业数据等
				环境监察执法数据：全市环境执法处理数据等
市国土资源局	—	—	—	审批数据：建设用地审批数据、农转用批准数据等
				国有建设用地供应数据：供应总量数据、新增建设用地供应量数据、存量建设用地供应量数据，其中包括工矿仓储用地数据，商服用地数据，交通运输、水利设施、公用设施以及特殊用地等用地数据，住宅用地供应数据等
				土地出让成交价款数据、招拍挂出让土地面积数据、出让成交价款数据等
				违法数据：违法用地数据、土地违法行为数据、涉及土地面积数据、耕地数据等
				灾害数据：地质灾害监测数据、全市共发生地质灾害数据、避免人员伤亡数据、避免直接经济损失数据等
				不动产数据：不动产登记数据、发放不动产登记权证数据、发放不动产权证证明数据等
市市场监管局	10TB	20%	20%～30%	食品检验检测信息
				食品、药品、保健食品、化妆品和医疗器械审评审批及日常监管信息
				药品零售企业进销存及日常监管信息
				食品生产许可及日常监管信息
				商事主体开业、变更、备案、注销登记及吊销、行政处罚、日常监管信息
				商标、广告、合同、市场日常登记及监管信息
				消费者投诉举报咨询信息
市统计局	60GB	5%	5%	数据报送单位分月度统计数据、数据报送单位年度统计数据、统计月度发布数据、统计年鉴等

续　表

部门名称	截至2015年底数据总量	2013—2015年数据量年平均增速	2016年预计数据量增速	数据种类
市文广新闻出版局	350TB	15%	20%	天一阁数据：古籍书检索数据、古籍书电子版本数据、古籍书内容发掘数据、游客流量数据等
				宁波文化网数据：文化专题宣传数据、文娱资讯数据、审批许可数据、天一杂志数据等
				文化宁波公共服务数据：文化活动数据、演出演艺数据、文化地图数据、文化发掘数据、非物质文化遗产数据等
				图书馆数据：天一讲堂视频数据、图书管理系统数据、读者卡信息数据、各类文献数据等
				保国寺大殿检测数据：大殿各部件检测数据、环境检测数据等
				文化执法监管数据：网站智能巡查数据、文化市场视频监管数据、KTV歌库曲目监管数据、执法档案数据、市场日常检查数据等
				广播电视检测数据：广播信号检测数据、电视信号检测数据等
				博物馆藏品数据：馆藏文物3D虚拟化数据、360度场馆漫游数据等
市质监局	6GB	10%	10%	法人单位基础数据：法人单位机构名称、组织机构代码、机构类型、法定代表人、机构住所、经营或业务范围、注册资本、资金币种、成立日期、经济行业等
				质量安全监管业务信息数据：本市质量监督行政许可证书信息（证书扫描图片、企业名称、产品名称、证书编号、获证日期、有效期、证书类型等）、企业档案信息、企业不良信息、许可证书信息、日常巡查、监督抽查、现场核查、计量强制检定等
市住建委	7.3TB	20%	15%	房产权籍档案信息、公积金缴存贷信息
				建筑市场信用信息，企业、人员和工程项目信息
				房屋安全档案信息、幢信息、巡查信息

2.区县级政务数据共享开放试点——以海曙区为例

海曙区在全国率先建成县区级政务信息资源中心、视频监控统一共享平台、数据开放平台三大支撑平台，并初步实现了政务数据的整合共享与开放利用，该项目在县区级政府数据整合共享、政务集成应用上具有较强创新性。以下针对海曙区数据资源共享开放情况，从不同角度进行分析。

（1）从数据规模角度来看，政务信息资源中心数据总数已达 2 592 万条，历史数据 14 384 万条，总计 16 976 万条；涉及人口数据表 82 张，组织单位数据表 224 张，地址数据表 14 张；数据字段涉及人口属性字段 1 069 个，组织单位属性字段 2 561 个，地址属性字段 169 个。

（2）从数据目录角度来看，海曙区政务信息资源中心数据目录分为原始采集目录和共享融合目录。原始采集目录是指将数据从原始业务部门交换共享至政务信息资源中心的数据目录。共享融合目录是指在汇集原始业务部门数据的基础上，对数据进行清洗、对比、融合后，围绕自然人的基础信息、组织关系、教育培训等主题，组织单位的基础信息、用能信息、党组织信息等主题，以及空间地址的全区地名地址等主题，形成的可直接供部门业务应用开发的数据目录。共享融合目录目前已形成 18 个主题，66 个子主题，具体如表 3-2 所示。

表 3-2　海曙区共享融合目录

共享融合目录	主题	说明
自然人	基础信息、组织关系、教育培训、医疗健康、社会救助、婚姻信息、生育信息	15个延伸子主题
组织单位	基础信息、用能信息、党组织信息、部门监管信息、变更注销信息、统计信息、机构人员信息、资质信息、信用信息、经营信息	47个延伸子主题
空间地址	全区地名地址	4个延伸子主题

（3）从数据类别角度来看，在民生领域，全区学校和学生数据、个人健康档案、医疗就诊数据、生育信息、人员组织单位关系等方面的数据已较为全面，涉及婚姻、就业、家庭经济状况等的数据较为缺乏。在组织单位、企业领域，全区登记组织机构、企业的基本信息较为全面，具体的经济指标数

据（包括纳税额、交易额等）、法人信用数据较为缺乏，需要在政务信息资源整合过程中进一步深化。

（4）从数据更新角度来看，因部门信息化水平存在差异，海曙区政务信息资源中心目前采用系统数据库对接、系统数据接口、手工导入三种方式实现与部门间的数据交换共享。区卫计委、区教育局、区委组织部、区市场监管局、区安监局等信息化程度较高的部门已实现同政务信息资源中心的实时数据交换。目前整个政务信息资源中心 60% 以上的数据交换通过这种方式进行。整个政务信息资源中心平均每天更新的数据量在 1.2 万条至 1.5 万条之间，累计更新数据量已达 530 多万条，大部分更新数据涉及企业登记、注销信息，医疗就诊信息，以及常住、流动人口信息。

（5）从数据开放角度来看，通过建设海曙区数据开放平台，政府数据资源向社会开放，产生了更大价值。数据开放平台以多种采集方式对各大公共服务网站、政府或部门网站和海曙区政务信息资源中心推送的各类数据资源进行梳理整合，形成 17 个大类（主要包括医疗卫生、人文居住、交通出行、文体娱乐、教育科研、政府机构、福利救助、个人办事指南、便民服务、司法公证、通知公告、政策法规、档案查询、企业办事指南、行政审批、地理地图、志愿公益）和 186 个小项开放数据项，为企业和个人对政府数据再利用提供支撑。

3. 公共服务平台中的大数据资源——以 81890 为例

81890（拨一拨就灵）求助服务中心公共服务数据库的数据从数据格式上可以分为语音文件、图片文件、视频文件、数据库文件、网页及其他可编译脚本文件 5 大类。从应用角度可以分为 81890 应用平台主系统数据、81890 录音数据、81890 系统平台功能数据、81890 网站数据、81890 历史资料数据 5 大类，各大类分相应小类。81890 共产生数据记录 4 400.24 万条，共储存文件 9 889 569 份，数据总容量 16.12TB，数据分类总体情况如表 3-3 所示。

表3-3　81890求助服务中心数据分类总体情况

数据分类		数据类型	数据大小	数据量	软件版本	用途	名字
81890应用平台主系统数据	业务系统数据记录	数据库	12 380MB	3 200.4万	ORACLE 10g	实时记录81890业务系统数据	NB81890.NB
	移动短信业务数据	数据库	81MB	66.4万	SQL Server 2008 R2	短信收发	MOBILESMS
	联通短信业务数据	数据库	33MB	12.6万	SQL Server 2008	短信收发	Unicom
	电信短信业务数据	数据库	2MB	7.1万	SQL Server 2008	短信收发	Telecom
	电话呼叫记录	数据库	320MB	254.3万	SQL Server 2008 R2	记录电话呼入的各种参数	CALLTHINK_CDR
合计			12 816MB	3 540.8万			
81890录音数据	办公室固定电话录音记录	数据库	2 105MB	376.5万	SQL Server 2008 R2	存储办公电话录音文件参数	Tvc_voice
	办公室固定电话录音	声音文件	1 100GB	2 995 226	WAV	办公电话语音文件	
	老接线平台录音记录	数据库	892MB	323.1万	SQL Server 2008 R2	存储录音文件参数	cclog
	新接线平台录音记录	数据库	321MB	54.2万	SQL Server 2008 R2	存储平台电话录音文件参数	TALENTEL_LOG
	新接线平台录音	声音文件	1 815TB	6 113 442	WAV	平台电话录音文件	
合计			2.89TB	753.8万（数据库）、9 108 668（文件）			
81890系统平台功能数据		数据库	8MB	5.0万	SQL Server 2008 R2	基础设定	CALLTHINK
合计			8MB	5.0万			

数据分类	数据类型	数据大小	数据量	软件版本	用途	名字
81890网站数据	81890主站数据　数据库	150MB	17.8万	SQL Server 2008 R2	记录81890求助服务网数据	NB81890
	网页文件	8.23GB	57 751		网页文件	
	81890580志愿服务网数据　数据库	135MB	44.7万	ORACLE 10g	记录81890580志愿服务网数据	VS81890.NB
	网页文件	8.26GB	115 807		网页文件	
	月湖老年网数据　数据库	1 125MB	31.4万	SQL Server 2008 R2	记录81890月湖老年网数据	81890NBYH
	网页文件	14.3GB	412 699		网页文件	
	常青藤俱乐部网站数据　数据库	18MB	6 800	SQL Server 2008 R2	记录81890常青藤俱乐部网站数据	QINTENG
	网页文件	329MB	8 731		网页文件	
	81890爱心超市网站数据　数据库	15MB	8 800	SQL Server 2008 R2	记录81890爱心超市网站数据	81890love
	网页文件	210MB	3 167		网页文件	
	81890企业服务网站数据　数据库	38MB	1.78万	SQL Server 2008 R2	记录81890企业服务网站数据	81890780
	网页文件	64.4MB	3 195		网页文件	
	81890党员服务网数据　数据库	12MB	5 000	SQL Server 2008 R2	记录81890党员服务网数据	81890710
	网页文件	65.2MB	2 912		网页文件	
	81890光明俱乐部网站数据　数据库	13MB	5 800	SQL Server 2008 R2	记录81890光明俱乐部网站数据	81890LightClub
	网页文件	611MB	3 053		网页文件	

续 表

数据分类		数据类型	数据大小	数据量	软件版本	用途	名字
81890网站数据	81890光明电影院网站数据	数据库	11MB	4 300	SQL Server 2008 R2	记录81890光明电影院网站数据	81890LightMovie
		网页文件	60.1MB	2 717		网页文件	
	81890光明图书馆网站数据	数据库	10MB	4 200	SQL Server 2008 R2	记录81890光明图书馆网站数据	81890LightLibrary
		网页文件	68.8MB	2 700		网页文件	
	81890520鹊桥会相亲网数据	数据库	3.6MB	7 300	SQL Server 2008 R2	记录81890520鹊桥会相亲网数据	QQH81890.NB
		网页文件	0.46MB	23		网页文件	
	81890医药查询平台数据	数据库	136MB	7.4万	SQL Server 2008 R2	记录81890医药查询平台数据	NBYiyao
		网页文件	1.1GB	4 740		网页文件	
合计			34.89GB	107.3万（数据库）、617 495（文件）			
81890历史资料数据			699GB	163 442		记录81890历史	
合计			699GB	163 442			
总计			16.12TB	4 406.9万（数据库）、9 889 605（文件）			

注：当数据类型为数据库时，数据量单位为"条"；当数据类型为文件时，数据单位为"个"。

72

4. 宁波市政府数据的主要特征

目前，宁波市政府部门数据呈现以下五个特征。①增长速度快。全球大数据保持每年 50% 的增长速度，数据量增速越来越快。宁波市政府数据具有同样的发展趋势，如宁波智慧健康数据保持每年 60% 以上的增长速度。②数据总量大。宁波的数据量具有较大的规模，政府各部门已经拥有了丰富的大数据，如仅宁波市交通运输委员会一个部门的数据量已经达到了 PB 级。③种类多样化。宁波政务数据种类包括文本、声音、视频、图像等，既有结构化的数据，也有半结构化、非结构化的数据，特别是非结构化视频数据占有的比例越来越高（宁波现有摄像头 20 万个以上）。④实时动态化。随着宁波城市公共设施物联网平台、基层社会治理信息系统等项目的不断推进，实时数据采集系统不断拓展，实时动态数据越来越多。⑤价值密度高。不同于一般互联网络数据数据量大、价值密度低的特征，政府的大数据是具有高价值密度的数据。

（二）产业大数据已初具规模

大数据已经渗透到当今每一个行业，许多企业已经迈进了大数据时代，企业所管理数据的规模、种类和复杂度都在以前所未有的速度增长着。宁波产业大数据主要来源于企业生产运营管理信息系统、移动互联网、行业网站和公共服务平台等。

1. 企业生产运营管理信息系统中的产业大数据

（1）企业产品数据管理（product data management，PDM）系统中的产品大数据。PDM 是一门用来管理所有与产品相关的信息（包括零件信息、配置、文档、结构、权限信息等）和过程（包括过程定义和管理）的技术。宁波部分企业建立了 PDM 系统，多年来积累了大量的产品数据和模型。随着用户需求多样化和个性化趋势的增强，产品品种增加，批量减小，产品数据和模型也急剧增加，数据存储量也显著增加。例如在大型品牌服装企业雅戈尔的 PDM 系统中，服饰总共有 52 440 款，每一款服饰还有很多尺寸、面料、颜色的变化。假设这些服饰的彩色款式图片、工艺文件等每套存储量是 10GB，则总共约有 524TB 的存储量。

（2）企业计算机辅助技术（computer aided X，CAX）系统中的产品大数据。CAX 是计算机辅助设计（computer aided design，CAD）、计算机辅助制造（computer aided manufacturing，CAM）、计算机辅助工程（computer aided engineering，CAE）、计算机辅助工艺过程设计（computer aided process planning，CAPP）、计算机辅助系统（computer aided system，CAS）等各项技术的综合叫法。宁波企业应用各种 CAX 系统的比例越来越高，主要采用的是 2D/3D 的 CAD 系统，有些企业开始应用 CAE 系统，如计算机仿真、有限元分析等系统。这些系统所产生的产品模型的存储量非常大。

（3）企业全生命周期管理（product lifecycle management，PLM）系统中的产品大数据。宁波部分企业建立了 PLM 系统，如宁波敏实汽车零部件技术研发有限公司的 PLM 系统不仅包括了 PDM 系统中的数据，还包括了大量的产品生命周期状态的数据，特别是产品使用和维修的数据。产品使用和维护阶段的远程监控数据、维修数据等大数据，可以帮助企业了解产品在使用和维护中的问题，帮助设计人员提高设计水平，开发出用户需要的产品。

（4）企业资源计划（enterprise resource planning，ERP）系统中的大数据。宁波很多企业建立了 ERP 系统，多年来积累了企业生产管理、财务、物流、人力资源等方面的大量数据。例如，雅戈尔 ERP 系统中的数据量达到 2TB。这些数据可以帮助企业分析生产和管理效率，发现影响企业发展的瓶颈问题，加强企业内部控制。

（5）企业制造执行系统（manufacturing execution system，MES）系统中的产品大数据。MES 是一套面向制造企业车间执行层的生产信息化管理系统，包含车间现场、装备工况、零部件质量等数据。宁波建立 MES 的企业较少。一些大型服装企业有生产流水线及监控系统，可以获得车间现场的大量实时数据。宁波更大集团使用了宁波江宸自动化装备有限公司研发出的国内唯一的全自动轴承生产线，不但实现了生产线的自动输送、自我监控、在线报错，而且使产品一次校检合格率从 96% 提高到 99%，生产人员减少 90%，每年可节省人工成本 500 万元。

（6）企业分销资源计划（distribution resource planning，DRP）系统中的产品大数据。DRP 系统指通过互联网将供应商、分支机构和经销商有机地联系在一起，实现实时提交业务单据、查询产品供应和库存状况，并获得市场信息、销售信息及客户支持，实现了供应商、分支机构与经销商之间端到端的供应链管理，有效地缩短了供销链。宁波一些大型企业有自己的营销网络和专卖店，如雅戈尔在全国有 3 000 多家专卖店。过去服装出了厂门，就不知去向；有了 DRP 系统，就可以知道各个专卖店的销售与库存情况。雅戈尔的 DRP 系统积累了近 3TB 的数据量。

（7）企业制造服务系统中的大数据。宁波永尚机械有限公司为每一位客户、每一台产品建立档案，跟踪回访，对产品进行预防性维护服务，由此获得了大量数据。宁波量子星自动化设备有限公司致力于提供自动化系统成套解决方案，集聚了大量数据。宁波帮手机器人有限公司提供数字化工厂的整体解决方案，包括利用生产数据采集分析管理系统，分析车间利用率、空闲率、报警率、零件生产情况，生成相应报告，从而制定具有针对性的管理措施。

2. 移动互联网中的产业大数据

手机用户的急剧增加和移动互联网的发展深刻改变了传统的消费与生活模式，同时也积累了大量的数据。以雅戈尔的"雅戈尔先生"活动为例，雅戈尔通过微信推出了"雅戈尔先生"全国海选活动，让雅戈尔服饰的消费者穿上雅戈尔服装，拍照上传，然后由大家评选。这一活动一方面让消费者成为雅戈尔服装的代言人和模特，扩大了雅戈尔服装品牌的影响力；另一方面，大量的消费者成为雅戈尔朋友圈的粉丝，雅戈尔可以定期推出各种针对性强的服务信息，吸引消费者，还可以获得大量的消费者需求信息和建议，提高服装的设计水平。基于移动互联网，这种消费者参与的互动活动非常容易产生大量的数据。

3. 行业网站和公共服务平台中的产业大数据

以浙江中塑在线有限公司为例，该公司成立于1994 年，由原余姚市中国塑料城信息中心发展而成，是中国起步最早、平台规模最大、客户群最广的行业电子商务企业对企业（business to business，B2B) 平台之一。中塑在线已拥有超过 38 万家涉塑注册企业和月均超过 400 万的用户访问量，深刻地影响着中国涉塑企业的经营决策。公司创办的中塑在线是在原有的中国塑料信息网基础上升级而成的。中塑在线集聚了大量的商流、物流、信息流、资金流，是国内最大的塑料原料集散地和华东最大的塑料机械销售中心。中塑在线开创了有形市场与无形市场无缝结合的先河，其发布的每日价格行情已成为中国塑料原料价格行情的晴雨表，起到了"引导国内，影响海外"的作用。中塑在线还利用网络强大的信息流、庞大的企业数据库及在业界的影响力，自 1999 年以来成功地承办了一年一届的"中国塑料博览会"，此展会已经成为国内塑料行业最具影响力的盛会之一。

宁波汽车零部件网、宁波塑机网、宁波家电门户等行业协会网站中也拥有大量的产品采购和销售数据。

宁波市中之杰公司与 ERP 软件企业德国 SAP 公司共建的中小企业信息化云服务平台可为宁波中小企业提供信息化解决方案，已有超过 60 家中小企业入驻。

宁波市纺织服装创新云平台和智能家电物联网创新云平台等重大合作项目也取得积极进展。宁波永发集团研制出一款搭载了物联网的"智慧大脑"的保险柜。无论谁开锁，保险柜注册用户的手机都会收到身份提醒或警示。在永发物联网智能锁成功登陆宁波智能家电物联网创新云平台后，公牛、欧琳、华裕等家电企业也开始通过加入平台受益。

三、宁波城市大数据应用需求迫切

（一）城市管理需求

城市管理主要表现为对人、物、事件等的管理。宁波目前总人口（包括流动人口）超过 1 000 万，必须通过大数据应用，及时全面掌握城市人口（包括外来人口）状况，实施精准高效管理。在自然灾害、事故灾难、公共卫生、社会安全等应急管理中，只有大数据应用才能提供科学和精准的决策支持，提高预测预警和应急响应、协同处置能力。特别是宁波作为台风多发城市和重要的化工基地，对水、电、气、油、通信等管网的有效管理更为重要和紧迫，只有通过传感网的建设和大数据的应用，才能全面、实时监测管网动态，及时发现并处置异常情况，确保人民生命和财产安全。

（二）城市经济结构调整升级需求

在当前国内外经济面临挑战的局势下，贯彻党中央着力推进供给侧结构性改革的重大战略，宁波明确指出，着力加强供给侧结构性改革，旨在用改革的办法推进结构调整，减少无效和低端供给，扩大有效和中高端供给，增强供给结构对需求变化的适应性和灵活性，提高全要素生产率。推进供给侧结构性改革，是适应和引领经济发展新常态的重大实践创新，也是经济发展方式转变和经济结构战略性调整的关键。大数据应用不仅能为政府提供宏观经济数据，同时在中观上能反映一个产业的发展动态，在微观上能反映企业及其产品的相关信息，有助于精准助力供给侧结构性改革，促进三次产业内部结构的深度调整，构建高精尖经济结构。

（三）民生服务需求

在宁波智慧城市建设中，大力推进十大应用体系建设。通过先行先试，智慧健康保障、智慧交通、智慧物流和智慧教育等智慧服务体系建设已经取得良好的成效，汇聚了丰富的主题数据。迫切需要通过大数据应用，更加及时地掌握企业和群众的需求，优化政府服务流程，提供主动的、个性化的、精准的、高效的和便捷的政府服务，提升公共服务水平。

（四）企业发展需求

随着信息技术的快速发展与应用，数据正在使各个行业发生革新，新技术已经带来全新的业务模式，甚至是颠覆性的业务模式，而且也创造出了全新的竞争对手。宁波是制造业大市，迫切需要在研发设计、生产制造、经营管理、市场营销和售后服务等产品全生命周期、产业链全流程开展大数据应用，实现敏捷的一体化质量监测和管控，优化生产经营管理流程，分析、感

知用户需求，推行以大规模个性化定制、网络化协同制造和服务型制造为特征的新型生产模式，提高企业核心竞争力。

（五）国内外合作需求

为抢抓国家"一带一路"倡议契机，宁波积极打造 21 世纪海上丝绸之路先行区，努力使宁波港成为重要的始发港和战略支点。丝绸之路除了陆路和海路，还包括互联网上的丝绸之路，因此，宁波也在积极打造"网上丝绸之路"。无论是"海上丝绸之路"还是"网上丝绸之路"的发展，都离不开为各类商品提供海关、交通运输、出入境检验检疫、金融、交易、仓储等一站式信息资源和服务的整合物流、信息流、资金流的大数据平台。迫切需要通过大数据应用，整合整个供应链的整体数据，对商品需求、物流状况、投融资机会等进行预测分析。

四、宁波城市大数据发展面临的问题及下一步主要任务

（一）面临的问题

1. 大数据顶层设计需要深化

宁波在国内率先提出系统部署智慧城市建设，把大数据作为重要工作大力推进，较早开展相关理论研究和实践探索，具备较好的大数据发展基础，但还没有正式将发展大数据定位为城市发展战略，不利于充分发挥大数据在占领新一轮竞争制高点、促进经济社会转型跨越发展中的重要作用。宁波应着眼于城市的长远发展、关键问题和全局利益，强化大数据思维，把大数据发展确定为宁波城市发展的重大战略之一。加快制定出台《宁波大数据发展实施意见》《宁波大数据三年行动计划》等文件，进一步明确宁波城市大数据发展的战略目标、主要任务、重点工程和保障措施，科学引领宁波城市大数据的发展。

2. 数据共享开放亟待加强

宁波在政务信息资源整合、共享和开放方面做了大量的探索工作，取得了明显成效，但是数据共享开放的总体水平有待进一步提高。在数据整合共享方面，宁波以深化部门智慧应用为主，不同区域不同部门的应用系统大多相互独立，信息资源多头采集，数据标准规范难以统一，造成后续数据共享困难。信息资源的分散给数据的综合分析和深度挖掘带来了极大的难度。在数据开放方面，宁波很多政府部门已经意识到大数据的发展趋势，愿意开放公共基础数据，但没有相关的标准可参照执行。在无法预计数据公开的后果的情况下，很多部门不敢开放公共基础数据，因此阻碍了政务信息资源的社会化开发利用。

3. 大数据应用不够深入

宁波大数据的深度挖掘应用基本还处于探索阶段。①数据融合关联应用程度较低。要体现大数据应用的重要价值，不同政府部门的数据需要互联互通和互相融合，但现在不同类型业务的数据融合水平较低，比如卫生局的数据和人口、地理等数据的关联融合较少，造成数据割裂，无法发挥数据的深度价值和综合价值。②大数据存储成本过高。存储技术发展带来的存储成本下降的速度远赶不上数据增长的速度。现阶段，按照理想的标准存储所有大数据，还存在成本上的巨大障碍。以宁波市交通运输委员会为例，仅其视频监控数据就占据了很大的存储量，按照现在的存储能力，数据只能保存几个月，很大程度上降低了视频数据的可追溯性和辨识价值。③大数据开发利用技术相对落后。现阶段有效可行的数据筛选、语义理解、语义关联等技术还无法很好地满足大数据应用的要求，从而导致大数据中的规律和知识无法被充分利用。要挖掘与分析大数据中蕴含的规律和知识，还需要解决数据异构和检索等问题，还需要攻克数据筛选、语义描述、语义理解、不确定性、知识表达等一系列关键技术。

4. 产业发展水平有待提升

宁波大数据相关产业发展水平有待进一步提升。①与大数据发展息息相关的软件和信息服务业规模较小。近年来，宁波软件和信息服务业产业规模以每年近30%的速度保持高速增长，但总量偏少，与国内先进城市相比，仍存在一定差距。2014年，宁波的软件和信息服务业规模为301亿元，而上海和杭州2014年的软件和信息服务业经营收入分别为5 107亿元和3 611亿元。②大数据产业相关龙头企业较少。大数据产业的发展离不开软件企业、互联网企业、信息技术服务企业的支撑，但宁波基本上没有如谷歌、百度、阿里等这类龙头企业。宁波本土的互联网企业、软件企业、信息技术服务企业数量相对不足，规模较小，对大数据发展的支撑不够。

（二）下一步主要工作

（1）建议国家将宁波市列为我国城市大数据发展的综合示范城市，并让宁波参与相关工作，为我国大数据发展做出贡献。鼓励宁波探索城市大数据建设与应用的模式和经验；鼓励宁波参与国家有关大数据的重大战略、规划、法律法规与标准制定等工作；支持宁波参与国家有关大数据的重大项目建设工作。

（2）将大数据建设作为城市经济社会转型发展的重要基础工作，以经济和民生"双轮驱动"为出发点，启动宁波城市大数据发展"一把手"工程，成立领导小组。着手顶层设计与规划，建设城市大数据服务体系（五大体系）；成立城市大数据中心和城市大数据交易中心；建立健全相关标准规范，既要最大限度打通"数据孤岛"，又要保证数据安全。

（3）结合"大众创业、万众创新"，大力加强大数据人才队伍建设，培养与引进相结合，逐步建立一支拥有数据科学家、高端研究与应用型人才、学科交叉专门人才及一大批运维人才等的支撑大数据发展的人才队伍。研究制定大数据专业人才发展规划，建立多层次人才培养体系；鼓励在高等院校中设立大数据专业方向和开设相关课程，鼓励高校、职校、社会教育机构、企业联合共建大数据实训基地，大力培养大数据专业人才；实施人才国际化战略，鼓励海外高端人才回国就业、创业。建立和完善期权、股权、技术入股等分配制度和灵活多样的人才激励政策；创新人才管理评价制度，建立人才分类管理、分类评价制度；大力开展杰出人才、突出贡献专家、优秀高技能人才、优秀海外人才的评选表彰活动等，积极营造事业召唤人才、人才发展事业的良好氛围。

第4章

iCity 智能城市大数据关键技术

智能城市实现的是城市系统的优化升级，使城市各系统更完善、更协调、更发达、更敏捷、更智能化，使城市中的人、机、物更能和谐共生，使城市中的人生活更幸福，使城市的管理更加协调和统一。智能城市的建设需要技术创新、政府管理、市场推动等各方面共同作用，其中，技术创新是智能城市的主要推动力。信息是智能的源泉，因此信息技术是支撑智能城市的核心技术。智能城市作为信息技术与城市建设的完美结合，涉及的技术众多。

智能城市对城市的基础设施、环境、生产生活相关设施和产业进行多方位的数字化、信息化实时处理与利用，运用云计算、大数据、物联网、移动互联网等新一代信息技术，在泛在互联网和信息全面感知的基础上，实现人、机、物、城市功能系统之间无缝连接与协同联动的智能自感知、自优化，从而对民生、环保、公共安全、城市功能、商务活动等多种需求做出智能的响应，形成具备可持续内生动力的安全、便捷、高效、绿色的城市形态。

智能城市信息环境及大数据平台构建是智能城市建设和发展的重要内容。

一、智能城市信息环境构建技术

智能城市涉及技术、管理、法律和人文建设等各个方面。智能城市信息环境是体现"城市智能"的物理信息基础。从 ICT 层面来看，智能城市是以信息网络为基础的城市信息—人类系统，其智能水平的差别来自对信息获取和分析利用能力的差别。城市的智能化不仅需要让更多的人能够随时获取和产生信息，也需要让城市里的各项基础设施实现信息的自动采集和动态监管。智能城市信息环境的构建，就是要通过新一代信息技术来实现人、机、物的信息互联互通的共生信息系统。在涉及智能城市信息环境构建的众多技术中，需要特别关注城市数据的采集、传输、存储和应用等各个环节的信息技术，其中最典型的就是信息安全技术、物联网感知技术、区块链技术、大数据技术、云计算技术、边缘计算技术等（见图4-1）。

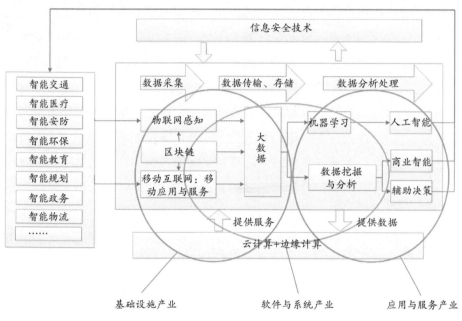

图4-1　智能城市信息环境构建技术体系

（一）物联网感知技术

物联网感知技术将构建智能城市信息环境的"神经末梢"。智能城市首先需要通过感知世界来获取信息，信息感知技术（如传感器、图像识别、语音识别、卫星定位、电子标签等）经历了多年的发展之后，已经具备了将用户端延伸和扩展到任何物品，使物品之间、物品与人之间进行信息交换和通信的能力。智能城市要通过信息感知技术获取遍布城市各个角落的信息，并通过网络将信息传递给城市大数据中心，实现物与物、物与人之间的信息传递和控制。

物联网感知技术包含传感器和无线传感网（wireless sensor network，

WSN）两类。传感器是一种能把物理量或化学量转化成便于利用的电信号的器件。传感器需要不断向着高性能、低能耗、微型化、低成本方向发展，才能为实现各种智能城市应用提供丰富的想象空间，扩大智能城市的应用范围。无线传感网是由部署在一定区域内的大量传感器节点组成的，通过无线通信方式形成的一个多跳自组织的网络系统。其大量传感器节点可以协作地感知、采集和处理网络覆盖区域中被感知对象的信息，并发送给观察者。无线传感网以其智能化、低功耗、自组织的特性提供了全新的智能化通信、控制手段，是目前大范围、低成本获得传感信息的最有效的办法。无线传感网核心技术主要包括网络拓扑控制技术、多跳可靠数据交互技术、信道资源调度技术、物理层技术、协同计算与处理技术、分布式信息感知技术等。无线传感网核心技术包括射频识别技术（radio frequency identification，RFID）、IEEE 802.15.4 协议、Zigbee/Zigbee Pro 技术、Z-Wave 技术、WirelessHART技术、蓝牙技术、近场通信技术等。

（二）控制与通信技术

控制与通信技术将构建智能城市信息环境的"神经网络"，包含通过物联网或无线传感网信息获取转移后的系统控制、宽带通信及组网技术等。智能城市控制与通信技术系统可以分为三个层次：底层是用来感知和收集数据并能根据指令做出智能响应的感知控制层，中间层是传送数据的网络层，顶层则是应用层。感知控制层完成信息采集，并将信息格式转换为适合各种网络接入技术的数据格式后，将信息送入网络层，同时接收应用层发来的各种指令和消息，按照约定规则，通过感知控制器件对物体实现智能控制。感知控制设备与网关间使用各种通信协议，有专用协议也有开放协议，组网可以通过近距离无线通信或有线通信来实现。网络层是信息通信系统，可以分为接入网络和传送网络。无线接入技术主要有 GSM[1]、CDMA[2] 2000

---

① GSM：全球移动通信系统，全称为 global system for mobile communication。
② CDMA：码分多址，全称为 code division multiple access。基于 CDMA 技术的实践和应用衍生包括 WCDMA、TD-SCDMA 等。WCDMA 为宽带码分多址，TD-SCDMA 为时分同步码分多址。

1x、WCDMA、TD-SCDMA、WLAN[①]等，有线接入技术主要包括 xDSL[②]、HFC[③]、SDH/MSTP[④]、PON[⑤]等。从当前来看，智能城市信息环境构建中，4G、5G 通信技术已经成为主力。

（三）云计算技术

云计算技术将构建智能城市信息环境的"中枢系统"。云计算将网络上分布的计算、存储、服务构件以及网络软件等资源集中起来，基于资源虚拟化的方式，为用户提供方便快捷的服务，可以实现计算与存储的分布式和并行处理。它支持用户在任意位置使用各种终端获取应用服务，计算资源和能力被隐藏在云层后面，用户无须了解也不用担心应用运行的具体位置，只需要一台笔记本或者一个手机，提出自己对信息服务的需求即可。云层后面是虚拟化的城市大数据中心，大量异构的服务器、存储设备和平台被虚拟化成统一的服务资源，信息资源被最大程度地统筹和共享。云计算的主要特征有以下几点：以高度可扩展的弹性方式交付服务，利用互联网技术和方法来开发和交付服务，资源虚拟化及资源的自动管理与配置，可实现海量数据的分布式并行处理，低成本并对用户透明。

（四）边缘计算技术

边缘计算技术将构建智能城市信息环境的"脊髓"。在智能城市建设过程中，众多行业不断向数字化迈进，存储、计算都越来越依赖云端，云端成为信息社会的枢纽。预计至 2020 年，将有 500 亿个设备连接到网络。ITU 预测，2020 年每人每秒钟创建的数据量将达到 1.7MB。随着 PC 互联网、移动互联网向万物互联演进，如何传输和处理海量数据，是当前云计算技术架构面临

---

① WLAN：无线局域网，全称为 wireless local area networks。
② xDSL：x 数字用户线，是各种类型数字用户线路（digital subscriber line，DSL）的总称，包括 ADSL、RADSL、VDSL、SDSL、IDSL 和 HDSL 等。
③ HFC：混合光纤同轴电缆，全称为 hybrid fiber/coax。
④ SDH/MSTP：基于同步数字体系的多业务传送平台，SDH 全称为 synchronous digital hierarchy，MSTP 全称为 multiple spanning tree protocol。
⑤ PON：无源光网络，全称为 passive optical network。

的较大挑战。在这种场景下，人们需要的是在靠近物或数据源头的网络边缘侧融合网络、计算、存储、应用，就近提供边缘智能服务。相对于云来说，边缘计算离产生数据的地方更近，数据及与数据相关的处理和应用程序都集中于网络边缘的设备中，而不是几乎全部都保存在云端。传统的云计算的响应方式为后台运算完成后响应返回。而在边缘计算中，很多应用需要在毫秒尺度上实时响应。如果要实现实时响应，就不能把所有的东西都送到云端，因为云可能在几千公里之外，延时抖动和距离并不可控。边缘计算是一种分布式的计算模型，作为云数据中心和物联网设备 / 传感器之间的中间层，它提供了计算、网络和存储设备，让基于云的服务可以离物联网设备和传感器更近。

（五）大数据技术

大数据技术将构建智能城市信息环境的"大脑"。大数据技术是从各种各样类型的海量数据中快速获得有价值信息的技术能力，其利用流处理、并行性、摘要索引和可视化等技术，建立起城市的海量数据库。海量的各类数据，如大量社交网络信息、购物交易数据、物联网数据、空间数据、3D 数据等，被采集、存储、分类、挖掘和分析，人们利用分析结果对复杂事件做出智能决策。

（八）区块链技术

区块链技术将构建智能城市信息环境的"周围神经系统"。区块链是一种把数据区块以链的方式组合在一起的数据结构，用密码学保证了数据的不可篡改和不可伪造，能够使参与者对全网交易记录的事件顺序和当前状态建立共识。区块链技术并不是一种单一的、全新的技术，而是整合多种现有技术（如加密算法、P2P[①]文件传输等）的结果，这些技术与数据库巧妙地组合在一起，形成了记录、传递、存储与呈现数据的一种新的方式。

区块链的可追溯特性使得数据从采集、交易、流通到计算分析的每一步记录都可以留存在链上，使得数据质量获得前所未有的强信任背书，也保

---

① P2P 指个人对个人，全称为 peer to peer。

证了数据分析结果的正确性和数据挖掘的效果。因此，区块链能够进一步规范数据的使用，精细化授权范围。脱敏后的数据交易流通，有利于突破"信息孤岛"，建立数据横向流通机制，并基于区块链的价值转移网络，逐步推动形成基于全球化的数据交易场景。区块链提供的是账本的完整性，其数据统计分析的能力较弱，但大数据技术具备海量数据存储和灵活高效分析的能力，能极大提升区块链数据的价值和扩展使用空间。此外，区块链系统网络是典型的 P2P 网络，具有分布式异构特征，物联网天然具备分布式特征，网络中的每一个设备都能管理自己在交互作用中的角色、行为和规则，对建立区块链系统的共识机制具有重要支持作用。区块链的去中心化特性为物联网的自我治理提供了方法，可以帮助物联网中的设备相互联系，实现对分布式物联网的去中心化控制。

（七）信息安全技术

信息安全技术将构建智能城市的"免疫系统"，它在构建智能城市信息环境过程中必不可少，包括关键基础设施安全、数据安全、管理安全几个层面。基础设施安全是指让支撑智能城市正常运行的网络、主机、应用、存储等软硬件设施受到保护，使其免遭恶意攻击，保障系统连续、可靠、正常地运行，系统服务不中断。数据安全是要确保大数据在存储、处理、传输和交换过程中不会发生篡改、丢失和泄露等，不会泄露用户隐私。管理安全是指通过制定完善的安全策略、方针、制度及组织架构，与技术保障措施相辅相成，形成完备的安全防护体系，防止大数据系统安全受到破坏。由于物联网、云计算等新兴技术的高速发展，相应的信息安全技术目前还不是十分成熟，智能城市信息环境的建设中还存在着许多相对比较脆弱的环节。例如，云端数据资源的高度共享性，使得云平台暴露在恶意软件下，存在数据丢失、恶意篡改、服务异常等隐患。又比如 DDoS 攻击具备快速摧毁整个云基础架构的潜力，并且当云平台受到攻击时，所有相关账户将牵涉其中，导致该平台服务的用户蒙受不可估量的损失。比较典型的案例如 2010 年的蠕虫病毒震网（Stuxnet），其感染了全球超过 45 000 个网络，给各国许多重要行业带来了巨

大的威胁和破坏 。因此，在智能城市信息环境构建过程中，信息安全体系的构建成为"重中之重"。

二、智能城市大数据平台技术

智能城市大数据平台是智能城市技术系统的重要组成部分，也是智能城市对市政管理、社会民生、资源环境、产业经济、城市基础设施等城市服务系统及城市中的人、机、物、环境、信息进行自主智慧的感知、互联、分析、学习、决策与执行的核心支撑。智能城市大数据平台由存储层、计算层、服务层、应用层和统一管理系统组成，形成"4+1"的架构（见图 4-2）。

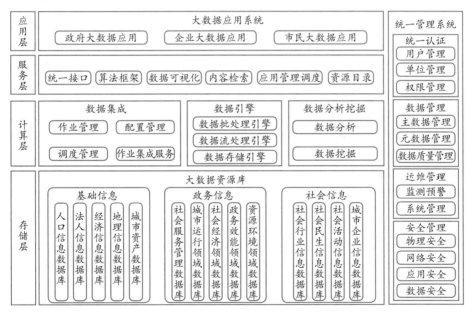

图 4-2　智能城市大数据平台架构

（1）存储层为平台所有的结构化、半结构化、非结构化数据提供存储能力，主要存储智能城市的基础信息、政务信息和社会信息三大类信息。

（2）计算层主要采用高性能计算资源及各种计算引擎对海量的数据进行管理、处理、分析、挖掘等。

（3）服务层为用户提供"开箱即用"的大数据能力，优化了采集共享、计算开发、分析挖掘、运维管理等各项能力，为用户提供统一接口、算法框架、数据可视化、内容检索、应用管理调度、资源目录等一站式服务，实现了服务的便捷性。

（4）应用层主要为用户提供访问门户，提供大数据在线交易以及大数据清洗等各项服务业务应用。这些应用按照服务对象可分为政府大数据应用、企业大数据应用和市民大数据应用。

（5）统一管理系统主要对大数据平台进行统一认证、数据管理、运维管理和安全管理。

在智能城市大数据平台的构建与设计过程中，要重点关注架构的可扩展性、数据来源与采集方式的多样化、计算方式与计算性能的高效化，以及总体技术体系与分子系统的安全性。

智能城市大数据平台涉及诸多方面的关键技术，主要包括城市大数据集成与清洗技术、存储与管理技术、分析挖掘技术、可视化技术、标准与质量体系技术、安全技术等（李伯虎，2016）。

（一）城市大数据集成与清洗技术

城市大数据集成与清洗技术能够将不同来源、格式的具有不同特点、性质的数据及数据源在逻辑上或物理上有机地接入平台并进行重新审查和校验，得到干净、一致的数据，再将数据发送给存储系统或数据中间件系统做后续处理。

在智能城市中，实时数据源占比高，大量安保、卡口等城市单元实时产生海量数据，同时还有传感数据等轻量格式化数据，以及监控视频、图片等非格式化数据，因此要求城市大数据集成与清洗技术能够有效处理实时数据，并且快速整合异构数据类型。

目前已有的技术成果包括多数据源集成技术（Gobblin/Kettle/Sqoop 等）、数据提纯清洗技术（DataWrangler/Google Refine）以及实时数据接入技术（Kafka/Flume 等）。

（二）城市大数据存储与管理技术

城市大数据存储与管理技术采用云存储和分布式存储技术、高吞吐量数据库技术、非结构化数据访问技术，利用这些技术可以实现经济、高效、高可靠、容错好地存储与管理数据。

城市大数据存储与管理技术重点要解决海量数据分布式存储（中等规模智能城市系统每天产生数千 PB 分布式数据），并且为了保证能够进行实时决策指示，需要对各类数据快速访问。

目前已有的技术成果包括异地数据存储（GFS/Lustre）以及大数据快速访问（FastRAQ/SuperBlock）。

（三）城市大数据分析挖掘技术

城市大数据分析挖掘技术能够从海量、不完全的、有噪声的、模糊的、随机的大型数据库中发现隐含在其中的有价值的、潜在有用的信息和知识。

城市大数据分析挖掘技术多以应用目标为导向，根据不同的城市大数据应用目标，深度结合应用目标进行特征算法设计，同时需要结合城市管理定量解析模型。

目前已有的技术成果包括分布式计算引擎（Spark/JDBC/ODBC）、数据分析算法（Q-Learning/Brief Networks）、机器学习技术以及交互式分析相关技术。

（四）城市大数据可视化技术

城市大数据可视化技术主要将数据转换为图形或图像，在屏幕上显示出来，并进行数据交互处理。

城市大数据可视化技术要能够对智能城市数据应用涉及的多种维度数据进行综合处理与显示，同时要能够支撑城市管理决策者基于视觉的交互。

目前已有的技术成果包括多维数据分析展示（Analytics/Pentaho）、交互式数据展示（Tableau/Many Eyes）以及虚拟现实／增强现实数据展示等。

（五）城市大数据标准与质量体系技术

城市大数据标准与质量体系技术包括了智能城市大数据通用技术、产品、行业、安全等方面的标准与规范，涉及数据规范、控制、监督等技术。

城市大数据标准与质量体系技术迫切需要构建面向不同应用的数据类型标准，而且以交换和交易过程为导向，要求标准与质量体系更多地聚焦于智能城市跨领域数据交换集成和应用数据交易。

目前已有的技术成果包括大数据标准体系框架、大数据交易规范体系以及大数据质量管控（数据铁笼等）。

（六）城市大数据安全技术

城市大数据安全技术涉及大数据采集、传输、存储、挖掘、发布及应用等环节的安全，以及用户管控、数据溯源、隐私数据保护、安全态势感知等。

城市大数据隐私保护要求高、难度大、关联性强，需要对数据产生及应用过程进行有效的追溯与保护。

目前已有的技术成果包括大数据隐私保护［基于角色的权限访问控制（role-based access control，RBAC）］以及数据水印（Patchwork/NEC 算法）等技术。

第5章

i City

智能城市大数据
在城市规划建设中的应用

我国过去几十年的城镇化发展，总体上取得了前所未有的成绩，但同时也面临着迫切需要解决的问题，特别是城乡建设过程中的各要素和各系统之间未能形成理性化的匹配，造成了城镇群区域规划、城市规划设计、建筑设计、施工设计以及运营管理等各阶段的数据隔离，造成了大量数据浪费。因此，亟须建立我国城乡建设系统间的数据连通系统，把我国城乡建设引向理性化和智能化的道路，为新型城镇化提供理性内核。

城市规划建设的智能化应该基于数据分析和预测，包括对经济产业、生态环境、人口构成、交通方式，甚至市民生活和工作方式等城市中方方面面的发展变化进行理性预测，确定合理高效的交通组织方式、能源消耗和回收利用手段等，对将来城市中运行的各个系统进行情景规划，再将预测结果转换为城市发展战略与策略，进而指导城市空间形态与功能组织和建筑环境设计。这种基于未来需求的"以流定形"的城市建设方法，即从表层的形态挖掘其下的流动要素，从而制定和总结出城市发展模型和方法（吴志强，2015）是新型城镇化的理性前提。智能城市大数据技术正是破解城市中大大小小的、对内对外的、有形无形的"流"的关键，是使城市的规划建设更加科学理性的关键。

一、智能城市大数据技术为城市规划建设提供重要支撑

在传统规划建设中，决策依据数据主要来自统计年鉴资料、遥感卫星航片、实地调查资料等。然而，传统数据在空间和时间上具有局限性，导致了城市决策的六个"不见"：①不见民心，缺少关注市民百姓内心最迫切的需求；②不见流动，缺少"以流定形"；③不见动态，缺少动态性；④不见理性，缺少将要素

数据化、可视化；⑤不见关系，缺少数据模拟，不能理解数据间的关联性；⑥不见文脉，缺少对历史文化的挖掘。

2012 年 7 月 12 日，联合国发布《大数据促发展：挑战与机遇》政务白皮书，指出"大数据时代"已经到来，大数据在社会发展中正在扮演越来越重要的角色。在"互联网+"新时代，"大数据+城乡规划"催生新的规划模式，为城乡规划注入新的活力。从国内规划行业实践来看，智能城市大数据介入并推动规划行业的新一轮变革正在逐步形成现实。

（一）城市问题精确分析

在城市的规划建设运行过程中产生的海量历史数据蕴藏着巨大的效用价值，通过对历史数据的挖掘分析，可以发现数据间的关联，揭示城市中人类活动和物质流动的潜在规律，从而更好地认知生存的城市和活动的区域，为精确诊断城市问题创造条件。

1. 智能城市大数据显现城市现象

城市是一个复杂的系统，涉及的范围大、层级多、系统杂。以往依靠统计数据和抽样调查数据建立对城市的认识，只能笼统地、片面地、主观地描述城市整体概况，难以符合城市规划对于明晰城市问题的需求。

智能城市大数据技术的引入使得城市现象更易于显现。首先，智能城市大数据可以将城市中的多种要素进行量化，如城市中的风流、水流、人流、车流等，通过传感器的采集，进行要素可视化和统计分析。其次，智能城市大数据可以做到近于全样本的采样，观测到整个城市的要素流动全貌。这对于认识城市问题是一次重大的飞跃，规划师可以站在城市整体的高度对问题进行分析。最后，智能城市大数据技术可以融合多项数据源，对同一问题从多个角度进行分析，全面、充分地认识城市问题并找到关键点。

2. 智能城市大数据认知城市要素空间模式

城市中要素的空间分布存在一定的模式，反映了要素的活动特征和演变规律。对要素的空间模式进行探索，可以辅助认知城市的发展现状和趋势，在空间上对城市问题进行分析和预判。

过去在识别空间模式方面，主要依赖规划师的经验，模式的类型也较为抽象和笼统，难以匹配当今城市快速化、复杂化的发展趋势。智能城市大数据技术极大地提升了空间模式的认知能力。通过对城市中的大数据进行时空化处理和可视化分析，可以发现以往按经验无法识别的空间模式。

如利用手机信令数据，可以分析城市职住关系、居民出行行为和通勤等，从微观个体视角对城市空间利用模式进行综合评价（王德等，2015）；百度热力图数据可以展示不同时段内人群在城市各地点的聚集信息，在很大程度上反映了城市空间被使用的情况（吴志强等，2016），如图 5-1 所示；豆瓣同城上的活动信息经过空间化处理后，可以描绘出一座城市的创意互动空间格局等。

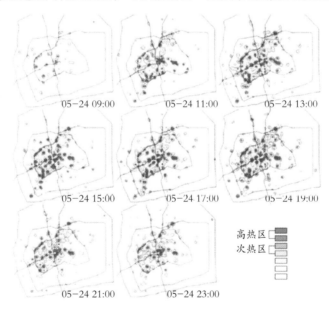

图 5-1　2014 年 5 月 24 日上海市中心城区经矢量化处理的百度热力图数据（吴志强等，2016）

3. 智能城市大数据明晰城市发展规律

城市的发展往往存在着一定的规律，如城市中的人口与经济活动符合规模定律，城市的发展阶段符合生命周期定律，城市对外的网络联系度符合网络等级定律，等等。

智能城市大数据技术为明晰城市规律提供了理性支撑。智能城市大数据的数据分析技术主要来源于人工智能的技术方法，主要包括统计、机器学习、数据挖掘和社交网络分析等。不同于依靠有限样本的传统统计方法，智能城市大数据的统计分析建立在"全体数据"基础上，通过频繁出现模式和关联分析，抑制了有限样本的个体结果波动，能更可靠地揭示数据背后隐藏的规律（赵珂等，2014）。智能城市大数据还可以实现从不同城市之间的横向比较到同一城市时间维度上的纵向比较，揭示出世界城市发展的规律，识别出城市目前所处的发展阶段，并对城市未来的发展趋势做出预判。

如通过智能城市大数据技术分析世界各国或地区的人均 GDP 和城镇化率之间的关系，可以发现城镇化率超过 50% 的国家或地区在走向稳定城镇化过程中，逐渐出现"Y"型道路分化的趋势（见图 5-2），即依靠智力创新的"智力城镇化"道路和依靠资源环境、廉价劳动力的"体力城镇化"道路（吴志强等，2015）。

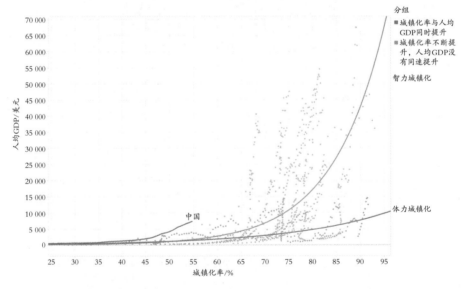

图 5-2　智力城镇化与体力城镇化道路分化（吴志强等，2015）

（二）城市规划编制决策

我国在过去 20 多年的信息化建设中，沉淀了大量的宝贵数据。这些数据是整个社会经济活动的数字化记录，是不可或缺的管理和决策的依据。随着物联网、云计算、大数据等创新应用逐渐渗透至城市规划建设领域，信息技术与城市规划建设更加紧密地结合在了一起。物理世界的信息通过网络传输至数据处理中心，经过处理和加工后的结果，将帮助城市规划师和管理者做出精准的决策。

1. 智能城市大数据判断城市功能定位

城市规划编制的首要任务就是明确城市的定位、目标和功能，包括整个城市未来的发展主题，以及城市中各功能的结构配比。这是一个复杂的、综合性的决策过程，需要考虑城市自身的发展条件以及外部因素的影响等。

智能城市大数据技术一方面为城市功能空间的评价提供了新的分析方法，通过将城市中各类流动要素数据（如交通刷卡数据、出租车轨迹数据、居民时空行为活动数据等）与城市空间进行叠加，可以对城市的功能混合程度、土地开发利用强度、用地效率、空间发展质量等内容进行评估。另一方面，通过对城市规划进行动态监测，实时把握政策环境，根据影响结果及时调整城市定位和布局，即可以满足对城市中功能的动态评估和决策支持。

如 POI 数据涵盖了城市各类设施的位置信息与属性信息，利用城市空间分析方法研究这些数据点，可以直观地反映出城市中各种功能的地理分布特征，如图 5-3 所示。

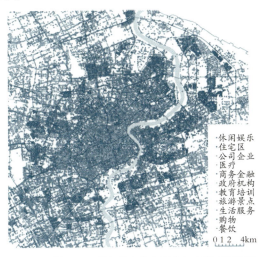

图 5-3　基于 POI 数据的上海市城市各功能空间分析

2. 智能城市大数据辅助功能设施布局

如在确定城市定位和发展目标之后，就要对城市中的各种功能进行空间布局。首先要保证布局的合理性，如工业区和居住区不能相邻，变电站等重要的基础设施不宜设置在商业区中等。其次，追求空间布局的高效性，即以最小的投入达到最高的产出，如对于学校、医院等设施，要用最少的数量达到最大化的覆盖率。上述复杂的决策以往依赖规划师的经验判断，很难达到均衡。

智能城市大数据技术可以辅助城市功能设施布局。基于给定的规则，可以快速生成方案，同时对多个方案的效能进行评价，精确量化各种设施的影响范围，辅助规划师做出城市最优化的空间布局。

利用 GIS 工具对规划地铁站点的服务范围和可达性进行定量分析，科学地考量公共交通站点在城市中的位置，以达到最大效用。

3. 智能城市大数据安排项目时间进程

城市规划编制决策的最后一个步骤是安排城市中各项目的时间进程。城市规划的实施是一个复杂的系统工程，其涉及的范围广、时间跨度长，城市各分区的发展时序和重大项目的建设先后都影响到城市的发展效果。智能城市大数据技术可以动态汇聚各项目进展、资金投入和环境影响等多种数据，整合形成统一的模型平台，快速统计出城市分阶段、分年份的整体投入、产出和影响，辅助规划师和管理者做出发展时序决策。

（三）城市建设模拟评估

当前规划审批、编制和建筑设计过程中，能耗分析、环境冲击评价、交通影响分析等都未真正涉及和落实。通过探索智能城市大数据与城市规划之间的逻辑关系，如自然环境数据与规划建设的关系、周边区域经济数据与城市战略定位的关系、城镇群数据与城市文化创造力的关系、城市人的数据与城市内部要素配置的关系、城市要素网络之间的拓扑关系等，在理清本质逻辑的基础上进行动态模拟推演，就能达到最优的规划效果。

1. 模拟城市规划方案影响

规划方案实施之前要进行预估计，即评价规划方案本身的影响。传统方法中多依赖专家的经验，对城市整体发展的判断较模糊，甚至局限于对方案本身美学上的评价，仅定性评估方案影响。

引入智能城市大数据技术可以量化模拟城市规划方案的实施影响。基于对历史和现状大数据的分析，以及对城市发展规律的认识，利用计算机辅助手段，可以模拟出规划方案实施后对城市的影响。智能城市大数据评估规划方案的方法有以下特点：①可量化，即可根据模型和算法，对方案的影响结果进行量化，实现不同方案之间的优劣对比；②多维度，即基于大规模的模拟，可以对城市未来发展影响进行多维度的判断，如经济影响、环境影响、社会影响等，综合评价规划方案。

如在上海世博会的规划过程中，通过对风场、日照环境系统集成模拟，对规划布局进行评价与优化（见图5-4）。基于人流动态模拟，调整重要场馆布局，并基于人流分布模拟，实现危险区域预警。

2. 评估城市规划建设效果

城市规划建设后评估，即实施城市规划方案后对城市建设效果的评估，包括对城市规划方案实施比例和城市建设效果的评价。借助智能城市大数据技术，汇聚传感器数据、统计数据、遥感数据，综合对比规划实施前后各项指标的变化，可对城市建设效果进行定量评价。同时智能城市大数据技术也使城市规划变为一个动态的过程，不再是以往的"规划—建设"两段式流程，而是保持对城市的动态"监测—更新"状态。

二、智能城市规划建设大数据技术集成平台案例

智能城市的一般性总体框架如图5-5所示，包括网络层、感知层、公共设施、公共数据库、公共信息平台、智能应用和用户层，以及制度安全保障体系和政策标准保障体系。其中，公共数据库、公共信息平台等构成时空信

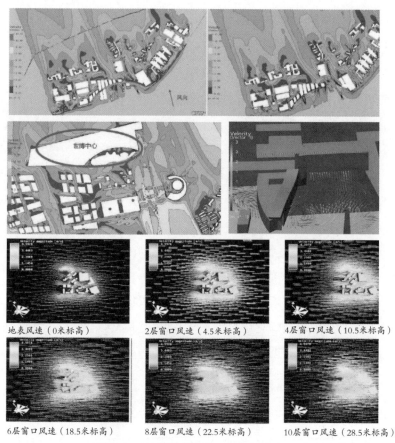

地表风速（0米标高）　　2层窗口风速（4.5米标高）　　4层窗口风速（10.5米标高）

6层窗口风速（18.5米标高）　　8层窗口风速（22.5米标高）　　10层窗口风速（28.5米标高）

图 5-4　上海世博会风场、日照模拟示意

图 5-5　智能城市的一般性总体框架

息基础设施，如图 5-5 虚线框内所示。

　　从数字城市发展到智能城市，基础地理信息数据由静态数据上升为带有时间标识的地理信息数据。在原来的静态地理信息数据的基础上，历史地理信息、远景地理信息、扩充实时位置信息、感知设备地址数据和实时感知及其解译信息等动态地理信息数据，构建由时间、空间和属性三大数据区组成的时空信息大数据，统一汇聚、存储、整理、融合、服务化各类结构化、非结构化信息内容（见图 5-6）。

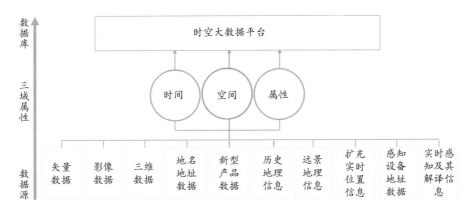

图 5-6　智能城市时空大数据平台

（一）智能城市决策辅助平台

　　同济大学智能城镇化协同创新中心在 2010—2012 年研发了"智能市长桌"系统（见图 5-7），通过"自上而下"的决策需求来打通制约中国智能城市发展的最大障碍——"信息孤岛"，并为城市发展决策提供科学和理性的支撑。平台构建基于智能化的信息平台手段，以物流网、云平台等信息通信技术为支撑，针对中国城市未来智能化发展产生的新需求，在中国的城市决策体制和城镇化发展背景下，满足城市各层面决策者对城市数据分析表达和决策信息实时传递的需求，为决策行为提供一体化的辅助支持。

（二）智能城镇群分析展示系统

　　"智城中枢"是综合城市发展、经济、社会、自然等全方位数据信息，并

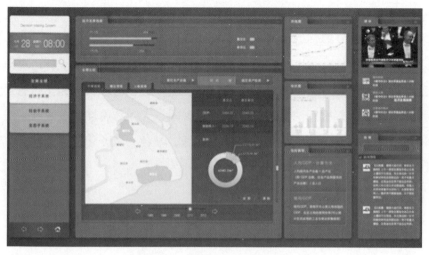

图 5-7 "智能市长桌"主界面

兼具线上线下综合问题诊断和城市展示功能的智能中心（见图 5-8）。在"智能市长桌"的基础上，"智城中枢"面对对象更为广泛，综合了更广泛区域内的城市群。"智城中枢"的研发旨在把握当前信息化技术快速发展的契机，以智能技术创新支撑城乡治理的智能化升级，全面改善城镇群地区信息供给和共享能力，提升城镇群协同效能，提高城镇群运营和决策的适应性，实现节能、节地、节材、节水、节时的目标，整体提升城镇群运行效率和发展质量，将成为加强城镇群地区宏观管理、推进国家新型城镇化战略的重要保障。

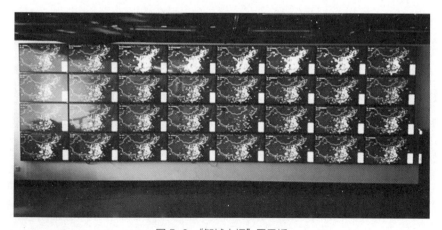

图 5-8 "智城中枢"展示板

（三）城市智能模型

城市智能模型（city intelligent model，CIM）的概念是在建筑信息模型（building information model，BIM）基础上的扩展和提升。CIM 的雏形在上海世博会和都江堰重建规划中都得到了实践。从 BIM 到 CIM，是从城市单体建筑管理走向城市全系统管理。BIM 中的建筑单体不能解决城市问题，然而 BIM 中单体间的关联网络是 CIM 突破的重点。关联网络中的可见流包括交通流、水流、气流、固废物的排泄等，不可见流包括人流、信息流、资金流等，这些流动在传统规划和管理中很少涉及，但这些有形无形的流形成了丰富的城市活力。

从 BIM 到 CIM 是从"以形定流"的设计走向"以流定形"的群落规划设计（见图 5-9）。CIM 的五方面突破包括：①BIM 作为 CIM 的细胞——将建筑作为城市细胞；②城市物质子系统建模——多源数据融合，建立 CIM 的工作底板；③城市时空数据接入——如城市出租车数据分析，通过长时间段的连续分析，可以更加详细地了解城市人的活动状况；④城市突发事件预警——包括自然灾害、火灾、犯罪等，能够及时启动应急管理预案；⑤城市蓝图模拟——对城市蓝图的描绘，通过不同的情景方案来应对城市弹性与不确定性。

图 5-9　CIM 设计底板

（四）智能建设数据网络

"数海"的建设目的在于理清城市建设学科各行业之间的数据流动关系，建立数据输入端和输出端之间的联系，打破不同行业之间数据交流的隔阂，提供数据发布和获取的服务，作为城市建设相关行业数据共享平台，为行业专家提供数据来源查询服务（见图5-10）。"数海"将主要建设学科构成界定为15类，作为工程数据流网络的基础节点，整理了54大类、104子类相关数据，涉及生态环境、城市建设、地质地貌、社会经济、工农生产等领域与建设环节。基于对不同学科之间数据的"流出"与"流入"特征分析，"数海"实现了网络化展示，描绘了建设工程数据流动的一幅全景图，不同行业之间的数据壁垒得以打破，数据共享成为可能，有利于各行业间的协同发展。

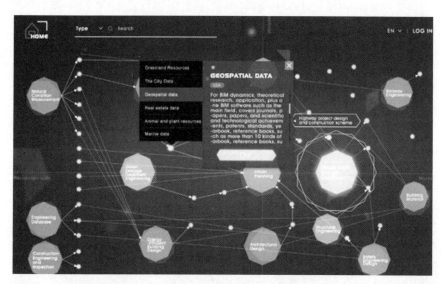

图 5-10　"数海"首页

三、智能城市大数据对城市规划建设的启示

（一）智能城市大数据揭示了城市复杂系统中多要素之间的关联

城市是一个典型的复杂系统，它是由相互作用的城市诸要素所构成的有机整体。在智能城市大数据出现之前，仅仅依靠学科理论、经验知识和专家判断力相结合的方式，对城市规划建设提出经验性的判断或猜想是不够严谨和理性的。在大数据时代，通过统计建模、机器学习、人工智能等手段，可以探寻城市复杂系统中各要素之间微妙的联系，揭示城市复杂形态背后的动态演化和结构性规律，从而实现对城市规划远景的模拟和预测。

（二）智能城市大数据促进了城市规划建设由静态向动态的转变

智能城市大数据为城市规划建设从"静态、蓝图式"到"动态、过程式"的转变提供了切实的技术支持。智能城市大数据技术可以实时动态地获取城市中人流、物流、信息流等要素特征信息，即时、直观、智能地反映城市规划建设过程中存在的问题及其他信息，为及时调整现有规划提供重要的支撑，从而实现整个规划建设期内城市各子系统内及系统之间的快速、弹性互动。

（三）我国仍需加强对城市微观大数据的采集和探索

目前，我国城市规划建设与智能城市大数据的研究应用成果主要集中在城市、区域以及国家等宏观层面，而在城市内部区域、街坊、社区等微观层面仍较为欠缺。随着我国的城市发展正在逐渐由空间扩张向内部改造转变，对小尺度城市空间的规划和再开发需求将越来越多。对此，在智能城市大数据的采集方面，建议通过自下而上的方式，提高我国各种城市微观尺度数据的可获取性，为智能城市大数据在城市微观层面的应用提供基础。

第6章

iCity

智能城市大数据
在城市安全建设中的应用

大数据时代，数据无所不在，谁拥有数据资源，谁灵活运用数据资源，谁就拥有未来。智能城市大数据作为信息时代新的战略资源，不仅提供了大量的商机和财富，更是智能城市建设的中央处理器和大脑，其作用体现在如下方面。

（1）提升科学决策水平。医疗、"三公"经费、保障性住房、食品药品安全等改革焦点问题，都可借助大数据来辅助决策。通过对政府海量数据的交换、整合和分析，挖掘新知识，带来新发现，创造新价值，增强城市发展战略及规划制定的前瞻性和先导性。更为重要的是，智能城市大数据的广泛应用，有利于形成用数据分析、用数据决策、用数据创新的治理思维和文化，对于实现"数字城市"具有深远的影响和价值。

（2）增强城市治理能力。智能城市大数据与公共危机管理的有效对接，能够强有力地推动公共安全信息网络完善，促进城市内跨部门、跨区域管理信息协同共享，提升公共危机事件的源头治理、动态监控、应急处置和事前预警能力；智能城市大数据与互联网、微信、微博等新媒体的深度融合，可以突破时间和空间的限制，从更深层次、更广领域促进政府与民众之间的互动，形成政府主导、公众参与、多元协同治理的新格局。

（3）提高政府服务效能。智能城市大数据与物联网、云计算等技术的联姻，能够加快智能城市建设的步伐，推进智能交通、智能物流、智能社区、智能医疗、智能教育的快速发展；我国的工业化、城镇化、信息化、农业现代化和绿色化建设也将因大数据革命而加速。大数据所集成的数据挖掘、遗传算法、机器学习等前沿技术，具有智能判断分析、智能纠错的优势，应用于财政、金融、税收、政府转移支付等领域重大项目的跟踪审计，可实现对项目实施过程的实时动态监控与预警，减少差错和舞弊行为，对建设阳光、高效、服务型政府具有积极意义。

一、安全是城市管理服务与建设的保障

2015 年我国城镇化率达 57.35%，城镇常住人口达 7.9 亿（国家统计局，2016）。2015 年中央城市工作会议指出："要把安全放在第一位，把住安全关、质量关，并把安全工作落实到城市工作和城市发展各个环节各个领域。"随着时代的发展和技术的进步，现代城市愈发高度依赖水、电、气、交通、通信等网络的正常运转，安全隐患也随之与日俱增。安全是智能城市建设的重要目标，近年来兴起的大数据，既提供了新的技术手段，也是一种新的认识世界的视角和思路，在智能城市安全建设中有着广阔的应用空间。

（1）安防领域。这是最早引入智能城市大数据，自身也相对较为成熟的领域。利用大数据、云计算等新一代信息技术，基于各类安防监控系统的海量数据，可大大提升公安机关侦破案件的效率。湖北公安运用"湖北公安云"已成功破获案件 17 万起，锁定抓获犯罪嫌疑人 54 万余名（刘卫，2015）。

（2）交通安全。对监测区域视频进行分析有助于精准地统计车流量、调节信号灯、发现隐患点，使城市交通更加安全、通畅。

（3）灾害预防。在相关动态数据和历史记录的基础上，城市大数据能够帮助有效识别潜在风险、准确预测发展态势，并辅助做出更加科学、有效、合理的决策，提高城市应急处理能力和安全防范能力。美国国家海洋和大气管理局已将其主要的天气预报模式暨全球预报系统升级为四维，新系统可提供未来 5 天内逐小时的精确预报，特别是具备了更好地预测风暴等极端灾害天气发生和演变细节的能力，为政府决策和应急管理提供了支撑（中国气象局，2016）。

（4）社会安全防控。通过汇聚商场、车站、街道、视频、指纹等海量城市安全相关数据，利用大数据技术进行监测、挖掘、分析，可能发掘违法犯罪嫌疑人的蛛丝马迹，为预警识别和案件侦破提供支持，降低违法犯罪事件的发生并限制其造成的破坏。

除此之外，在更好地利用信用卡等经济安全类数据，空气质量、食品安全等公共卫生安全类数据，危化品运输、安全生产等其他公共安全数据等方面，城市大数据都发挥着愈发重要的作用（胡裕岭，2015）。

二、构建以创新、融合为引领的智能城市安全防控体系

随着智能城市大数据等信息技术在城市安全建设中的应用不断深入，智能分析、图像识别、云存储、数据挖掘已成为当前智能城市安全的重要组成部分，开启了我国以数字化、智能化为核心的智能城市公共安全建设的新阶段。利用大数据、云计算等相关技术手段对海量数据进行有效的采集、分析和利用，通过数据的开放和共享，打通城市内部的"数据孤岛"，为实时监测、科学预警、精准分析提供基础，给防控城市公共安全风险以及构建及时、科学、有效的智能城市安全管理运行体系提供新途径、新手段，使政府的城市公共安全管理迈向科学化、精准化和智能化。

但同时，我国城市安全智能化也存在着一定的问题。一方面是技术的问题：首先，随着城市大数据在智能城市安全建设方面的深度应用，数据存储与处理面临严峻挑战；其次，在智能城市安全数据的提取、分析和利用上还存在一定的技术瓶颈，深度挖掘、智能化应用及辅助决策能力仍有待加强；最后，标准缺失仍是制约因素之一。另一方面是管理的问题：首先，"信息孤岛"现象仍十分严重，如何实现互联互通是当前最为紧迫的问题；其次，缺乏统筹协调，建设和利用效率不足；再次，大数据是把"双刃剑"，在服务于城市公共安全的同时，也带来新的威胁和安全隐患，而与大数据相伴的公共安全风险并未得到足够重视；最后，数据隐私缺乏法律制度保护。

（一）完善共享机制，搭建数据开放共享平台

要健全法律制度，建设公共安全数据资源整合共享机制，明确数据整合共享的边界、责任、流程和规则，确保公共安全数据资源按需、合理、高效地进行交换与共享。要搭建开放共享平台，充分整合各类城市公共安全数据资源，搭建纵向各级政府互通共享、横向部门全覆盖的城市公共安全综合平台，消除"数据孤岛"，最大程度地汇集数据，充分发掘数据的附加价值，全面保障城市公共安全。

（二）引导公众参与，实现城市安全无死角

建立以群众为中心的智能城市安全理念，鼓励公众积极参与智能城市安全建设的协同治理，实现政府、企业、科研机构的资源共享和协同发展，推动安防产业转型升级。深化智能城市大数据在城市安全领域的应用，实现其在公安、环保、气象、交通、食品药品等领域的全覆盖。

（三）鼓励技术创新，确保基础设施安全可控

加强智能城市大数据和云平台核心技术的研究，推动支持数据安全技术的研发应用。加强人才培养，鼓励创新应用，用技术进步提高数据共享和开放的安全性，努力建成集数据搜集、存储、管理、分析、挖掘和运用于一体且具有自主知识产权的技术支撑体系，提高我国在智能城市大数据领域的国际竞争力。

（四）重视数据资源，加强城市数据安全防控

要保护好事关个人隐私、商业秘密、国家安全等的数据，逐步消除数据滥用的隐患。首先，明确政府相关部门保障数据安全的责任和义务。其次，建立合法合规、安全有效的数据采集和生产规则，确保数据收集过程合法、可回溯。再次，完善数据开放、共享、应用的制度，充分保障公民的隐私权和企业的商业合法权益，加强监管，发挥公众和舆论的监督作用。最后，加强数据安全保护力度，确保我国核心信息基础设施运行正常，确保针对数据资源的各类形式的攻击不会对国家和社会造成严重危害。

三、基于大数据的城市安全建设典型案例

（一）平安合肥：构建视频大数据融合平台，形成五大业务核心

1.平安合肥建设基本情况

随着我国城市化进程的加快，海量经济和流动人口数据逐渐增加，给整

个城市的社会治安管理带来了巨大的压力，原有依托公安机关警力、政府社会管理部门人力的社会管理模式已经不能适应新形势下的经济发展、治安管理及社会管理的需要。

合肥"平安城市"建设基于数字化、网络化、高清化、智能化、云计算、大数据等先进技术，旨在开创合肥市"政府信息运营服务"新模式，整合现有公安和社会视频监控资源，实现全市范围内可利用视频资源的统一管理、统一调阅、统一存储、统一服务，通过大数据智能分析和指挥调度，降低城市刑事案件发生率，提高命案破案率，提升警务安保服务和城市管理服务能力，打造真正意义上的平安城市，并进一步推动合肥从平安城市到智能城市的迈进，为智能城市建设打下坚实的基础。

2013 年 4 月，"平安城市"项目开工建设，目前已验收完成。项目在全市三道防线、社会面和重点部位按照点线结合、分层设防、封闭成环、汇聚成网的原则新建 1.6 万个监控探头，整合交警、校园、社会已建监控 3 000 余路；以云计算和云存储为基础建设视频综合管理平台，通过万兆的双环视频专网，实现全市范围内视频资源的统一管理、统一调阅、统一存储，开发了卡口管理、警用业务、图像侦控、案件管理、通信辅助、移动 / 无线监控、平台管理、图像管理和运维管理九大系统，服务于公安实战应用及日常运行维护（见图 6-1）。

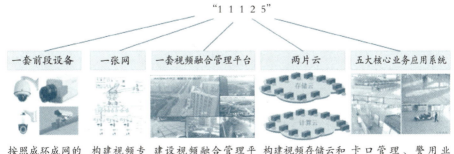

图 6-1　合肥市视频监控系统建设内容

2.平安合肥主要应用

（1）基于智能融合的视频大数据系统

将云计算、大数据技术应用在项目中，实现城市异构视频图像信息的提取、整合，计算存储资源的调度、管理，同时针对视频资源、城市过车数据、系统运行数据等信息进行高效的数据分析，研制面向系统级、业务应用级和数据服务级的标准接口，满足城市管理部门的各类业务应用场景和不同程度的整合需求（见图6-2）。

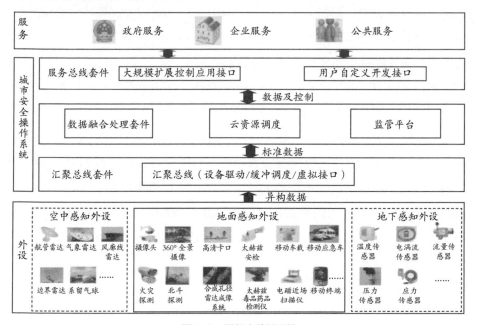

图6-2　视频大数据系统

（2）虚拟卡口技术

项目将目标检测技术、图像边缘特征分析技术、模式识别技术、神经网络技术等应用在普通监控摄像机拍摄的视频中，将普通监控摄像机变为虚拟卡口使用，提取视频中机动车辆的详细信息，包括车牌号码、车牌颜色、车身颜色等信息（见图6-3）。和实体卡口相比，虚拟卡口在节约项目成本的同时，还具备部署灵活、调度灵活的特点。

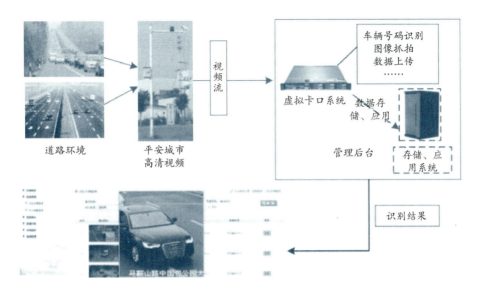

图6-3 虚拟卡口技术

（3）评价城市视频监控点布设是否合理

项目在国内率先提出将"目标重现率"作为城市监控点位布设的关键评价指标，构建目标重现率测算模型，最终达到能够指导及优化城市监控点位建设的目标，为决策提供依据。

（4）基于卡口大数据的非法营运车识别系统

通过分析正常车辆过车数据特征与非法营运车辆过车数据特征，建立了一套非法营运车辆识别模型，实现对过车数据中的非法营运车辆的识别，为运管部门以及公安部门提供监控处罚管理依据、决策支持和法律证据（见图6-4）。

（5）基于视频智能分析技术，挖掘视频背后的价值

为提高视频数据的应用效率，挖掘视频深度价值，利用视频智能分析技术，将视频图像关键帧中的视觉特征提取、分类，建立视频结构化描述数据和视频原始数据之间的对应关系，同时结合运动目标提取技术、运动目标跟踪技术，分析运动目标的位置和方向。

（6）基于网络设备监测技术，实现全网设备的智能运维

实时监测在网运行设备的状态，对故障或隐患进行告警尤为重要。项目采用网络设备监测技术，可视化展现全网拓扑和设备运行状态，实现智能化运维。

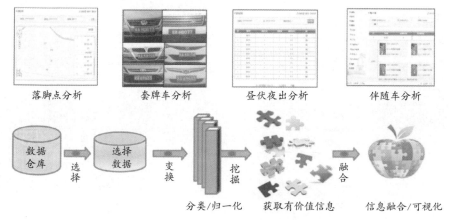

落脚点分析　　　　套牌车分析　　　　昼伏夜出分析　　　　伴随车分析

数据仓库 →选择→ 选择数据 →变换→ [挖掘] →融合→ [apple image]

分类/归一化　　　获取有价值信息　　　信息融合/可视化

图 6-4　非法营运车识别系统

3. 平安合肥建设成效

"平安城市"成果已为公安机关侦查实战提供视频回放十几万次，在破获上千件抢劫案、命案等公共安全影响恶劣的案件的过程中起到了重要作用。同时，向公安、城管、市政、人防等政府单位提供视频服务，成为开展治安防控、应急处置、打击犯罪不可或缺的核心技术系统。

2014 年，合肥"天网工程"先后在"1·24"特大入室盗窃案、"3·20"故意杀人案、"7·21"入室抢劫案等重大案件的侦破中立下功劳，合肥市刑事案件发案数明显下降，街面"两抢"案件同比下降 43.04%。

2015 年，依托视频监控侦破案件占侦破案件总数的 90% 以上，现行命案破案率达 100%。

2016 年，视频侦查成为公安破案的一大利器。合肥市命案破案率连续两年实现 100%，发案数亦达到历史最低水平，连续五届荣登"全国社会管理综合治理优秀城市"榜单，三捧"长安杯"。如今，"平安"已成为合肥市的一块金字招牌。

（二）新疆城市安全：以智能城市大数据为支撑，打造新型社会安全防控体系

1. 智能城市大数据在城市社会安全防控工作中的重要性

在互联网、大数据时代，违法犯罪分子的一举一动，是极有可能留下蛛

丝马迹的。美国国会和政府已经开始实施一系列大型研究开发项目，逐步建立起了遍布全球的庞大情报信息体系，努力提升其情报与作战能力。

中国电子科技集团站在国家利益的高度，将利用科技手段打造新型社会安全防控体系作为其重要使命、长期任务和核心事业，以支援新疆、惠利新疆为宗旨，与新疆维吾尔自治区党委、人民政府开展全面战略合作，主动作为，深入新疆开展社会安全体系化建设工作，取得显著成效，得到自治区各级领导的高度重视、支持和肯定，建设成果正面向全疆推广，为实现新疆社会稳定与长治久安做出应有的贡献。

2. 智能城市大数据支撑下的新型社会安全防控体系建设

中国电子科技集团面向新疆社会安全的实际需求，采用体系工程方法，强化顶层设计、集成验证，开展大数据支撑下的新型立体化社会治安防控体系建设，构建"虚实结合、情报主导"的大数据支撑下的社会安全防控体系（见图 6-5）。

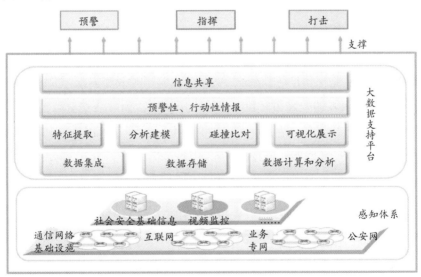

图 6-5　社会安全防控体系

（1）针对社会安全现实问题与发展需求，综合运用大数据、太赫兹、生物识别、视频结构化等先进技术，构建立体化社会治安防控体系，实现感知、预警、指挥、打击一体化防控体系，打造新疆精品示范工程。

（2）采用开放式和共享式的架构设计，以数据为牵引，通过实体与虚拟两个空间的信息的全面采集和融合应用，汇聚上百种异构数据，并对数据整合重构，统一数据标准，实现实体空间之间、实体空间与虚拟空间的互联互通，通过碰撞比对情报线索，使其互为补充、互相印证，及时预测预警社会安全事件，最终服务于有效"指挥"和准确"打击"，依托海量数据准确、快速响应，防患于未然。

（3）全面采集以人为核心的实体空间痕迹与虚拟空间信息，运用大数据技术进行深入关联分析，形成预警性、行动性情报，实现对违法犯罪嫌疑人的准确识别和多手段精准打击，以及对突发事件的提前预警和高效协同指挥，体系化解决基层实际难题，全面提高打击违法犯罪的实战能力。

（4）针对目前基层工作中存在的采集信息不够、数据种类不全和预警不到位等问题，部署太赫兹等五大关键技术系统，采集各类别实时数据，并在本地进行数据汇聚与分析预判，依托公安云与新疆大数据信息平台，实现新疆各地的横向联动与纵向贯通，确保本地能够实现自动预警，有力提升基层社会安全风险防控能力。

（5）2017年7月，国家发改委批复建设的社会安全风险感知与防控大数据应用国家工程实验室落户乌鲁木齐。实验室面向国家战略需求，成体系地推动社会安全防控领域的未来布局和产业的快速发展，为社会安全防控持续不断地提供新技术、新装备（见图6-6）。同时，中国电子科技集团与新疆全面展开战略合作，创新产业联盟、新疆智慧安防产业园，成立应用示范基地，联合本地企业，共同推动相关装备在新疆的产业化落地，促进经济发展。

3.典型应用与成绩效果

（1）典型应用

一方面，在国内首次将信息无感采集、视频智能分析、大数据碰撞比对等先进技术应用于机场安检，依托新疆大数据信息平台，实现对前往机场的重点目标的提前预警与自动诱导分流，根据危险等级进行差异化安检，成功构建了机场安检的第一道防线，并吸引北京、上海等地机场有关人员前来参观学习。

能力建设的重要抓手

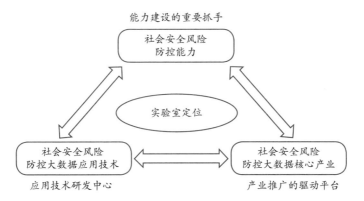

图 6-6 社会安全风险感知与防控大数据应用国家工程实验室定位

另一方面，新疆某县"智慧社区"综合运用人脸识别、车牌抓取、数据分析等先进技术，结合县社会安全基础信息库，成体系地对社区人、车、出租房屋进行一体化有序管理，实现全县社区一卡通用、流动人口精准管控。

（2）成绩效果

通过新型社会安全防控体系建设，以及将该体系与新疆大数据信息平台对接研判，破获案件近千起，社会安全事件发现率达 99.8%。从而实现了从查询统计向深度关联分析转变，从事后分析向事前预警转变，提升了重点目标的全程动态管控能力、重大违法犯罪活动的预测预警能力及快速处置能力。

基于新型社会安全防控体系，优化了安全产品，形成了定制化解决方案。立足新疆，面向全国，向全国各地提供重点目标识别、查询、管控等服务，实现新疆、全国一张网，并辐射"一带一路"沿线国家，完善与推广社会安全产业。

第7章

iCity

智能城市大数据
在城市产业发展中的应用

一、智能城市大数据是城市产业发展的关键

（一）城市产业对智能城市大数据的关键需求

城市经济发展与城市产业发展高度相关。智能城市产业的定位包括：①与智能城市相关的产业，除了关注物质生产的制造业，也包括金融、保险、交通等现代服务业；②与智能城市产业发展相关的产业，还包括大数据技术产业及由大数据催生的新产业。

研究需要围绕"产业发展"面临的问题及大数据解决方案来进行，不仅要关注智能城市大数据能在产业中做什么，还要从产业发展的角度出发，从智能城市大数据对产业上新台阶能做什么着手，研究智能城市大数据问题，如产业发展面临什么问题，智能城市大数据能够解决产业发展的哪些问题，哪些国内外案例可以说明智能城市大数据对于产业发展的有效性，哪些是解决相关产业发展问题主要需要利用的智能城市大数据技术等。

对经济发展影响最大的、智能城市大数据能够发挥最大作用的产业是离散制造业、流程制造业和服务业。

（1）离散制造业对智能城市大数据的需求主要源于：①信息技术与产品的结合越来越紧密；②信息技术与企业设计、生产、运行全过程的结合越来越紧密；③信息技术推动离散制造企业从产品开发制造到产品服务的转型。

（2）流程制造业由于其生产管理的特点，自动化程度往往非常高，生产过程中会实时产生海量的监测与控制数据。但是流程行业的生产设备一旦进入正常运行状态，监控数据通常是不变的，或者变化非常细微，这样的数据往往没有太多可供分析的价值。尽管如此，流程制造业仍然存在与智能城市大数据相结合的内在需求：①精细化工、化工循环经济和循环产业的

发展需要控制数据与运营数据的整合与优化；②提高流程行业的端到端服务水平需要对海量客户的需求进行响应。

（3）服务业是智能城市大数据应用的主战场，舍恩伯格等（2012）的《大数据时代》一书中给出的大数据成功应用案例，主要与服务业相关。应该说，就目前的应用水平和发展趋势来说，智能城市大数据技术已经极大地推动了服务业的创新发展。智能城市大数据对服务业的突出贡献就是解决了精准营销和精准服务的问题，通过搜集海量客户数据，绘制每个客户的画像，实现客户消费行为的预测，提高针对客户的营销和服务水平。

（二）智能城市大数据对城市产业的关键作用和应用现状

智能城市大数据对城市产业的关键作用和一些应用现状如表7-1所示。

表7-1　智能城市大数据对城市产业的关键作用和一些应用现状

大数据类别	关键作用	应用现状
客户评价大数据	帮助企业改进产品、运营和服务，开发出用户真正需要的产品	拥有上亿用户的小米手机的1/3功能是用户设计的
销售和库存、客户需求等大数据	帮助企业开发出市场适销的产品	西班牙服装品牌Zara汇集企业各卖场的销售数据、客户意见、客户身上穿的可模仿元素等各种数据，支持服装设计（林文彬，2012）
用户浏览行为与购买行为、用户态度等大数据	帮助企业对客户进行全方位的认识，从而准确把握目标客户群体及其需求，进行产品研发和设计，满足用户需求	汽车企业采用用户识别、用户标签、用户聚类和用户细分等方式监测客户的行为模式，针对目标客户群体开发相应的车型（杨善林，2015）
客户需求大数据	帮助获得产品各个参数之间的关系，建立参数化设计（变型设计）系统，提高设计效率	青岛红领集团积累了超过200万名顾客个性化定制的版型数据，支持服装的定制设计
复杂产品使用中的复杂环境、工况条件大数据	帮助产品方案优化	丹麦能源公司维斯塔斯利用气象报告、潮汐相位、地理空间与传感器数据、卫星图像、森林砍伐地图等大数据，优化风力涡轮机配置方案，从而实现最高效的能量输出（佚名，2012a）
产品在使用中的大数据	帮助企业了解用户使用习惯、产品工况等，进行新一代产品的设计优化	互联网空调（云空调）不仅实现了用户远程监控的功能，也帮助企业改进设计

续　表

大数据类别	关键作用	应用现状
产品应用的个性化环境大数据	帮助企业按照用户的个性化环境进行定制产品设计	日日顺已有866个场景、2 586个产品解决方案,有全国168万个社区、村、镇的水质数据库,据此为用户设计个性化的净水机解决方案(佚名,2015)
企业情报、文献、专利、员工经验等大数据	帮助提高企业员工的创新设计能力	基于发明问题解决理论的创新设计方法是在分析了全球几百万份专利的基础上建立的
产品全价值链大数据	为价值链各个环节和所有关系者提供服务	美国医药行业的研发、生产、销售、使用等数据,医生的接诊数据、处方、病例数据,病人日常生活惯数据等已经开始为制药企业、患者、医生、政府带来切实的利益(陈惠芳等,2015)
协同制造过程大数据	帮助解决协同制造面临的不讲信用问题	阿里巴巴开展中国"质"造,利用企业认证、交易、物流、银行、税收等大数据,为淘宝网上的企业的质量背书
零件库中的3D零部件模型和供应商大数据	帮助新产品设计,提高设计速度,降低制造成本	TraceParts零件库为世界各地的数百万CAD用户提供1亿多种3D零部件模型及相关技术数据
制造过程监控大数据	帮助监控制造过程,降低事故率,保证生产安全	采矿全过程监控,包括通风量、温度、湿度、一氧化碳的含量、下井人数等,可以有效避免大型矿难的发生(徐匡迪,2016)
企业输入输出大数据	用于计算企业的"三废"排放数据,监控企业"三废"排放	因为"三废"排放监控难,一些企业或者隐瞒"三废"排放情况,或者有"三废"处理装置,但为了降低成本而较少使用
产品销售大数据	帮助企业快速设计和制造出满足客户需要的产品,降低库存、增加销量	雅戈尔利用销售大数据组织生产,减少卖场的库存,对市场变化做出快速反应;宁波太平鸟通过POS机和互联网获得销售大数据,企业领导可以通过手机了解各地销售情况
制造过程质量监控大数据	帮助监控产品加工和装配质量,保证产品的高质量;支持产品质量跟踪	美国雷神公司用大数据进行管理。例如,一颗螺丝钉需要拧13次才能够上紧,但如果只拧了12次,那么就会报警提醒;雷神自动保留了每个导弹的数据,出现问题时,可以追根溯源

续 表

大数据类别	关键作用	应用现状
产品生产工艺和质量大数据	帮助确保产品的质量	某生物制药生产商收集和分析了大量有关工序、使用材料的数据，得到了各参数间的相关性和依赖性，发现了最关键的参数，据此对工序做了调整，疫苗产量提高50%，增加了收益
供应商质量管理大数据	进行质量监控，有助于专业化分工	盈飞无限公司可实时监控全球任何地区的过程数据，对比不同工厂的过程参数，进行实时质量管控，提升企业的过程管控能力（佚名，2016b）
用户的产品评价大数据	帮助企业了解客户需求，形成准确的市场认识和产品决策，同时也扩大企业的影响	味好美通过"口味指纹"网站，请消费者对调味品口味打分，了解他们的口味偏好，并据此形成独特的口味偏好档案，形成个性化口味的大数据
客户购买大数据	帮助了解客户的需求特征，了解客户的相似群体的特征，进而可以为客户推荐他本人喜欢的，或者是他的相似群体流行的相关产品	亚马逊通过基于客户购买大数据的产品推荐，赢得了大量的新增商品交易
用户互动大数据	用于数据挖掘算法进行分类、聚类，开展个人和群体数据互动，建立用户画像平台，描绘每个人的兴趣图谱，针对消费者个人开展基于互动数据的营销，提高预测推荐的准确度	1号店的个性化精准平台使用30种以上不同算法推荐产品，利用了购物车信息、浏览记录等，其基于个人和群体数据互动的个性化推荐引导销售订单占总订单的近20%（刘小娇，2014）
用户行为共享大数据	通过数据挖掘获得更有价值的信息，再反馈给用户，为用户提供全新的服务	从行驶的车辆中收集的海量路况数据，可以帮助有效改善车流、节能减排、减少交通事故等
产品使用大数据	帮助用户管理和控制产品，帮助了解用户需求、改进产品	福特福克斯电动车在驾驶和停车时产生大量数据，如车辆的加速度、刹车、电池充电和位置数据，对于司机和福特设计师都有价值（Schroeck et al.，2014）
产品应用环境大数据	根据产品的不同使用环境对产品的参数进行调整，使其适应环境的变化，保持工作效率和功能	美国风电公司First Wind在风力发电机上安装了传感器、控制器和优化软件，可以随时测量温度、风速、叶片的位置和螺距，然后进行参数优化。每台风力发电机可增加约3%的电能输出

续　表

大数据类别	关键作用	应用现状
来自行业许多企业的大数据	行业综合性服务云平台利用大数据为企业提供高质量的新服务	服装纺织时尚云平台通过大数据帮助企业提升整体竞争优势，助推产业转型升级
产品租赁服务中的监控和管理大数据	对租赁产品进行远程监控服务，并帮助企业了解用户需求，开发出更好的产品	劳斯莱斯公司对全世界数以万计的飞机引擎进行实时监控，每年传送PB数量级的数据（李国杰等，2012）
业务配送大数据	为企业提供基于大数据的主动物流服务，减少整体供应链中的物流沉淀，减少不必要的存货风险和物流周转	中国远洋运输集团根据海信集团以往的业务配送历史数据，建立数据模型，并结合海信提供的安全库存量、现有库存量，预测出每个节点的发货品类、数量和地区，最后交由海信审批通过，再进行配送
物流大数据	物流公司对其物流大数据进行分析，可以优化物流线路	美国快递公司UPS在6万辆汽车里安装了传感器，将所有数据收集起来进行分析，提高汽车的导航系统和物流线路布局，并且在2014年节省了约5 000万千米的里程
专利协同分析服务大数据	利用互联网，组织广大科技人员和专利管理人员对专利进行协同分析，确定专利的价值和相互间的关系，建立比较准确和完整的专利地图，帮助用户了解各种专利的价值和关系，挖掘"专利地雷"，避免侵权风险	全国专利审查员的专利审查过程和结果可以集成在一起，不仅可以使专利的价值和关系越来越清晰，而且可以知道专利审查员的水平和工作态度

　　不同的智能城市产业，其背景、运作模式、信息化手段、参与人员素质等均有不同，所以智能城市大数据在不同的城市产业中的应用深度和广度有显著差异。①基于互联网（包括无线互联网）的信息服务业的大数据已经产生，利用大数据已经成为这类产业的主要发展方向，典型案例是阿里巴巴、京东、腾讯等。②保险、金融等产业已经有大数据在形成，充分利用此类大数据已经提上议事日程。③在一些开展制造服务的大型装备企业，由于大量服役装备的监控需要，大数据已经产生，相关人员正在研究如何利用这类大数据，典型案例是三一重工等。④石油勘探等也是产生大数据的产业，这些产业的大数据利用正在深入。⑤城市产业中还有许多大数据需要建立、集成、结构化和有序化，以有效满足我国技术创新、大批量定制和绿色制造等重大需求。

二、离散制造业与大数据

（一）企业创新与大数据

新一轮工业革命对中国而言，是新一代信息技术与企业转型升级的交汇点，利用好这一机遇，就有可能使我们的制造业突围，使我们的经济摆脱所谓的"中等收入陷阱"。转型升级的关键是创新，利用大数据可以有效支持企业创新。

企业创新大数据的特点主要包括：①大数据有助于实现创新全过程的透明化、可追溯，从而对员工在创新中的贡献情况一目了然，企业可以给出相应的激励，形成员工主动参与创新、乐于协同创新的文化氛围；②知识大数据是创新的基础设施，知识大数据可以提高创新效率；③知识大数据和知识评价大数据有助于员工知识的共享和知识水平的评价，促进知识共享；④模块大数据有助于企业专注自己的核心创新能力，方便利用外部资源，快速创新；⑤大数据支持知识产权协同保护，促进协同创新；⑥大数据有助于企业对员工的全面评价和充分利用；⑦大数据有助于企业找到最合适的合作伙伴，开展协同创新（顾新建等，2016）。

在大数据的企业透明环境中，企业员工无保留地共享知识、协同创新；"雷锋"不再吃亏；老员工走了，知识留了下来；新员工来了，有系统的知识可以学习；企业的知识网络越用越"聪明"；企业和员工的知识共享和协同创新的表现透明化、可追溯；员工在知识共享和创新中成长，企业在知识积累和创新中发展壮大。未来的企业创新既应是透明的、公平的，又应是大家自觉、主动参与的，让创新成为大家的习惯、爱好。

在大数据的企业协同透明环境中，企业高度专业化，专注发展自己的核心创新能力，形成高度模块化的产品和零部件；企业知识产权在得到充分保护的同时，又积极流通和共享，使知识价值得到最大程度的利用；整个企业协同创新过程透明化、可追溯；城市在企业协同创新中成长，企业在协同创新中壮大（顾新建等，2015）。

（二）制造生产与大数据

随着信息技术在制造过程中的广泛应用，制造企业积累了海量的数据，如何有效地将海量数据转化为"信息资源与知识"，通过基于数据的优化和对接，把业务流程和决策过程有机地融合，更好地为制造过程优化、制造过程质量控制、维护／维修／运行优化、营销服务，已成为一些企业迫切需要解决的现实问题。制造企业的数据积累量、数据分析能力、数据驱动业务能力亦已成为评判企业市场竞争力的重要标准。

目前，制造大数据的应用尚不成熟，典型应用并不多见，相关技术研究主要延续传统的面向制造过程的数据挖掘、数据分析方法，应用点主要集中在生产计划调度、制造质量控制、设备故障诊断等少数领域，存在的主要不足在于：一方面，缺少对制造大数据本身的采集、存储、梳理、整合等成熟的管理方法和完善的数据管理体系，"信息孤岛"仍然存在，制造大数据分析的基础性条件尚未具备；另一方面，所研究的方法和技术本身缺少对大数据的支撑，导致技术单一、应用局限性大、分析的广度和深度不足。因此，迫切需要结合制造过程全生命周期的各个阶段，将碎片化的数据融合起来，进行深入的知识挖掘，从而更好地对制造过程、制造环境和制造业务状况进行全面分析，实时解决制造企业面临的问题，探索大数据分析模式在制造行业的集成创新应用，为制造企业向"服务型"制造、"精细化"管理转变和发展提供支撑。

（三）云制造服务与大数据

智能云制造（云制造 2.0）是"互联网＋智能制造"的一种新模式与新手段。云制造中的大数据涉及企业工程数据、产业链业务协作与配套数据、经营管理数据、社交数据等。工程数据主要来自企业基于物料清单（bill of material，BOM）的产品生命周期（包括设计、工艺、生产、售后等环节）；产业链业务协作与配套数据主要包括以供应链／服务链／营销链／协作链为核心的业务协作数据；经营管理数据则是以计划为核心的企业管控数据（计划、成本、费用等经营管理相关数据）；社交数据包括市场数据、企业对接和交易数据，以及通过人工录入或网络抓取的用户、客情、交易、竞品数据。这些大数据除具有体量浩大、模态繁多、生成快速、价值巨大但密度很低等特点外，还具有多源复合模态及不确定性等特点，是覆盖人/组织、经营管理、技术这三要素的企业各型数据，通过有效的数据管理、分析与挖掘，能够形成大量有用的数据结论与决策辅助信息。

关于智慧云制造的认识和建议如下。

（1）智慧云制造是互联网时代的一种智慧制造模式和手段，是实施"中国制造2025"和"互联网+"行动计划的一种制造模式和手段。

（2）要重视建立基于大数据的自主可控智慧云制造系统。

（3）要制定激励政策，建立大数据创新体系，组织开展知识、技术、产业发展项目。

（4）要制定大数据相关标准和评估指标体系。

（四）汽车产业与大数据

汽车产业中的大数据应用包括如下两点。

（1）汽车的大数据化。汽车正在朝网络化和智能化方向发展，每辆汽车每小时基于各类传感器的监测数据达到5~250GB，新型概念汽车产品产生的数据则更多，例如谷歌的无人驾驶汽车每秒就产生约1GB的数据。此外，有关汽车安全（如丰田的G-BOOK智能通信系统、通用的安吉星无线服务系统）以及位置信息服务（滴滴打车、高德导航、百度地图）的数据感知与交互逐渐构成了汽车大数据的重要组成部分。

（2）汽车生产过程的大数据化。汽车产业对大数据的需求涉及产品全生命周期的每个过程，每个过程的关注重点和支撑数据资源各不相同却又相互关联、相互融合。在汽车产品规划方面，重点关注用户的核心关注点和用户需求的变化趋势，支撑的数据资源既有宏观的经济数据和政策数据，也有基于用户的网络行为数据、态度数据、口碑数据等。在汽车产品研发和制造方面，互联网与大数据技术深度渗透其中，能够提高产品的质量、缩短产品的制造周

期、减少产品的制造成本、降低产品的制造过程风险。在汽车制造过程管理方面，互联网与大数据技术广泛应用到产品的策划、设计与开发、生产和营销过程中，使汽车企业能够更快地发现市场需求，更好地在全球范围内组织制造资源，极大地促进自主汽车品牌建设，并显著提高汽车制造的绿色化和智能化水平。因此，互联网与大数据技术为我国自主知识产权汽车产业发展提供了十分难得的历史性机遇。

可以考虑的汽车产业大数据应用的宏观对策有如下几点。

（1）加快发展车联网领域的相关技术，推广汽车信息融合与分析技术的应用。

（2）积极推进与第三方数据平台合作，利用互联网平台让客户参与数据的交互，增加客户行为数据，提升数据质量。

（3）加快数据标准化和数据安全建设，规划和整合数据资源，构建汽车产业数据共享平台。

（4）创新汽车大数据分析应用，实现基于大数据技术的智能化辅助设计与制造、维修、销售和产品规划。

（5）促进汽车产业向服务化、网络化、智能化和平台化方向的转变，构建基于移动互联的新一代智能出行信息服务系统，创新汽车商业模式。

（6）推动基于汽车大数据分析的信息服务产业化发展。

三、流程制造业与大数据

（一）石化产业与大数据

随着计算机和数据分析、挖掘、计算技术的不断发展，大数据技术已经深入到各个产业，拥有庞大数据的石化产业更是需要大数据技术为其服务，石化产业已经步入了大数据时代。石化企业间的竞争非常激烈，如果还采用传统的数据处理方式，那么必然会被淘汰。石化企业间的竞争与其说是谁能更快更多地找到、开采油气资源，倒不如说是谁能掌握先进的数据处理技术。在这个"得数据者得天下"的时代，谁能通过先进的分析处理技术从数据的海洋中挖掘出有价值的信息，谁就能掌握主动权。

石化企业面对大数据挑战时可以采取的对策主要有如下几点。

（1）加强信息化建设，将集散控制系统（distributed control system，DCS）、制造执行系统（manufacturing execution system，MES）、ERP系统中的数据集成，打破"信息孤岛"。同时，高效利用数据，挖掘数据潜在价值，提高处理非结构化数据的能力。

（2）加快建造智能化工厂进程，打造智能油田、智能管道、智能工厂。

（3）搭建大数据处理平台，建立云计算平台，对传统石油化工业务进行优化升级，打造多业态的商业服务模式。

（4）培养大数据建设专业人才。

（二）智能电网产业与大数据

作为面向21世纪的能源战略，智能电网将是未来智能城市建设与发展的重要能源基础设施，意义重大。智能电网建设的推进，促使电力数据量急剧增长，构成极具应用价值的电力大数据。如何结合智能电网的特性，充分挖掘电力大数据的价值，为智能城市提供更为清洁、高效与可靠的电力供应，已成为国内外关注的焦点。

关于智能电网产业大数据的认识和建议如下。

（1）电力大数据不仅可以帮助电力公司实现智能电网的可靠、经济、高效和环保等愿景，同时对于电力用户、社会和能源投资也具有极大的价值。

（2）目前，国内外围绕电力大数据已开展相应的研究与应用，但研究的深度与应用的广度仍很有限，主要集中在某些点上，如用户行为分析等。

（3）为了充分挖掘电力大数据的价值，物理科学领域的科研人员和工程师需要与数据、计算机和信息科学的同行密切合作，并使用共同的语言和协议，以加快创新智能电网设计与开发。

（三）钢铁产业与大数据

钢铁产业中的大数据应用现状主要是：①大数据为钢铁电商的发展提供

有力支撑；②大数据为钢铁生产工艺和生产经营决策提供保障。然而，大数据在钢铁行业中尚未充分发挥作用。钢铁行业的所谓大数据，更多地体现在市场行情的预测和动态监测方面，大数据的深层次功效还有待挖掘。

关于钢铁行业大数据应用的建议如下。

（1）信用评级。对大数据这种市场杀伤力强的信息化工具，必须提前做好监管。对钢铁行业的大数据企业准入门槛进行设定，先过滤掉一部分能力差的、弱的、存在隐患的企业，然后建立第三方监管制度，对企业进行相关的信用评级。

（2）数据采集的准确性和权威性。有意发展大数据的企业要做到行业自律，大数据必须是真实存在的数据。

（3）政府行为引导。大数据的采集是个庞大的系统工程，不是一家或者几家企业可以完成的，在大数据的生成过程中，需要政府行为的引导。

四、服务产业与大数据

（一）通信产业与大数据

随着通信行业的快速发展，截至 2015 年底，我国手机用户规模已突破 13 亿，固定宽带用户规模达到 2.1 亿。不管是海量的用户行为数据、运营商运维数据采集，还是对数据的存储、计算，都标示着通信行业已迈入大数据时代。随着手机市场用户量逐渐达到饱和，宽带成为各大运营商的主要竞争市场。市场竞争进入白热化阶段后，各大运营商将主要的市场竞争力从价格转向用户感知：一方面，着重优化网络，提升网络性能、降低网络障碍率、快速定位网络故障原因、强化网络安全质量，在网络运维中降低成本，提升用户满意度；另一方面，采集和分析用户上网行为数据，针对性优化现有产品，挖掘用户价值，增强用户黏度，在满足用户更多需求的过程中，为企业增加收入。

运营商通过对宽带网络运维和用户进行大数据分析，可以抽象出大数据应用方法和产品，向其他类似网络（如校园网、园区网、企业网等）市场推广，形成网络相关的大数据应用产业。运营商宽带网络大数据应用主要体现在两个方面：①城市智慧化——用户价值（感知）提升；②企业价值提升——运营成本降低，网络建设成本降低。

（二）电子商务产业与大数据

电子商务产业全过程数字化，与大数据关联密切，二者相互促进、共同发展。电子商务的发展促进了大数据的积累，如各种客户端、网页产生的浏览、购买记录，以及以文字、图片、音频、视频等形式存储的搜索、分享、评价内容；大数据的数据处理又促进了电子商务的发展。

电子商务产业中的大数据有以下特点：①数据量膨胀迅速；②数据来源广泛，且具关联性；③数据价值具有一定的时效性；④数据深度分析的需求不断增加。

在电子商务大数据领域，大数据企业分为三类：①拥有数据，比如阿里巴巴、京东、政府等拥有海量数据；②纵向应用大数据，例如行业专家做大数据分析咨询，此类门槛较低；③横向应用大数据，此类产业门槛较高，这一产业链又拥有众多分支，包括可视化、大数据分析挖掘、数据存储、数据传输采集等。

电子商务的数据量足够大，数据较为集中，数据种类较多，其商业应用具有较大的想象空间，包括预测流行趋势、消费趋势、地域消费特点、客户消费习惯、消费行为相关度、消费热点等。依托大数据分析，电子商务可帮助企业进行产品设计、库存管理、计划生产、资源配置等，有利于精细化大生产、提高生产效率、优化资源配置。

（三）金融业与大数据

金融业是指经营金融商品的特殊行业，包括银行业、保险业、证券业、信托业、租赁业等，最主要的是如下三个行业。

（1）银行业。银行业是一个数据密度很大的行业，也是一个数据应用大量荒废的行业，这也意味着其拥有很大的数据应用潜力。

（2）保险业。保险业中车险占到所有保险的一半以上。对于车险大数据，保险公司可以把用户的所有数据拿去建模分析，例如，发现某用户车型好、车况好、驾驶习惯好、常走的线路事故率低、过去一年没有出过车祸，就可以给予该用户更大力度的优惠折扣，这样保险公司就可以完全重构它的商业模式了。保险行业中的几个大数据应用预期效果如下：①改变保险公司品牌宣传模式，利用移动终端阅读等进行宣传；②拓展保险公司销售渠道，人们的行为在网络上被记录，社交网络等外部数据逐渐变得可获取；③提高保险公司决策准确度，结合以往的决策过程，可以让公司领导层更准确地了解保险市场；④提供更加及时的理赔服务，保险公司可以实时获得客户的出险信息，并及时主动地向客户提供理赔等服务。

（3）证券业。目前，大部分券商的 APP 由恒生、通达信、大智慧和同花顺等提供，严重的同质化且体验不佳屡受诟病，而券商自身投入研发并不实际，且其经验又相对不足。开发炒股软件已成为互联网公司进入证券业的突破口。百度、阿里巴巴、腾讯等互联网公司进军证券行业有着天然的优势：①技术优势——互联网公司作为技术的弄潮儿，对大数据和云计算技术比一般券商掌握得要全得多；②大数据优势——百度、阿里巴巴、腾讯中的任何一家都掌握着上亿规模的用户行为数据，基于这些用户数据，能够深刻了解、刻画用户特征，便于提供各种精准营销服务；③渠道优势——互联网渠道边际成本低，能够快速接触海量用户。

大数据在互联网金融领域的核心作用在于提高金融机构的风险定价能力，提供全面、动态的定价体系，推动金融体系发生变革；业务层面的作用主要体现在社会征信体系构建和金融产品设计两个层次，大数据可以帮助金融机构设计差异化的金融产品并实现精准营销。金融机构可以充分利用大数据技术对用户进行全方位的评估，并以此为依据为用户提供个性化的金融产品，使金融产品的设计更为科学，提升产品价值、实现超额收益。

五、智能城市产业大数据的若干应用案例

（一）电子商务产业大数据应用案例

阿里巴巴开展大数据应用业务较早，应用案例较多。

（1）电子商务的大数据应用案例，包括搜索中的大数据应用、OpenSearch：大数据搜索服务的构建、商品类目映射问题的解决之道、电商经济大数据向政府开放。

（2）互联网金融的大数据应用案例，包括大数据在股票证券中的应用（利用电商大数据选股、进行信用评分）、在小微贷业务中的应用、在运费险中的应用。

（3）安全领域的大数据应用案例，包括反洗钱、大数据在信息安全方面的应用。

（二）汽车产业大数据应用案例

汽车大数据与奇瑞汽车发展的四大战略密切相关：产品智能化战略、产品形态服务化战略、人才结构多元化战略和产业生态系统优化战略。奇瑞计划在 2017 年推出首款"互联网智能共享电动汽车"，计划通过车联网的大数据分析技术，提供汽车智能化和智能交通解决方案，通过大数据了解用户需求，满足用户需求甚至创造用户需求。

（三）工程机械产业大数据应用案例

三一重工是全球领先的工程机械企业之一。三一重工围绕"智能机器"，通过自主研发，研制出了应用于工程机械装备的传感、控制、显示、驱动全系列的核心部件和适用于工程机械的传感器。通过将这种传感器植入执行部件的内部，实现了关键核心执行部件的在线调整和设备状态的在线感知。三一重工自主研发了企业控制中心（enterprise control center，ECC）系统，建立了行业内首个智能管理平台。该系统于 2006 年底建成使用，集成了大数据与物联网技术，截至 2014 年 3 月，累计接入设备超过 20 万台。这些设

备遍布全球各地，它们通过安装在自己身上的各类传感器、控制器，适时向ECC 系统回传数据。在汇聚了庞大的数据后，ECC 系统进行了各种高级分析，主要包括以下几种。

（1）设备运行。ECC 系统提供的信息十分详尽，包括设备本身的信息、最新位置、设备状态、工作时长等。庞大的数据资源不仅为客户设备管理和服务请求提供了方便，还支持了对大量工况的分析挖掘，从研发、服务等产品生命周期的各环节为客户创造更大价值。如在新品研发的顶层设计中，通过分析 ECC 系统数据所反映的客户需求，可以让产品研发更有针对性；及时发现现有产品存在的缺陷，解决问题并加以修正等。

（2）设备保养。定期进行设备保养是延长设备使用寿命的重要操作。每台设备交付客户使用后，系统内都会自动产生保养订单。根据出厂日期，订单会设置保养周期，一旦到期，系统就会自动派单给服务工程师。这样一来，不需要客户提醒，服务工程师就会主动上门服务。同时，凭借设备回传过来的数据，系统将会对设备所需配件进行预测，配件服务部会提前储备配件，以供客户不时之需，这样能缩短交付期，减少停工等待时间，降低客户运营成本。

（3）决策支持。三一重工设备回传的数据还能为客户在决策上提供支持。从客户层面来讲，设备的实际利用情况和利用率是其关注的重要内容之一。系统通过监控设备的实际使用情况来对设备的利用率进行统计计算，客户可以清晰准确地了解设备使用情况并按日期进行统计，这样一来，设备单位时间内的工作时长便能一目了然。除了能够查看单台设备的情况外，还能查看机群作业概览。客户如果拥有三一重工的多种设备，就能通过分类查看每一种设备在每月或每年的总工作时间与总工作量、平均工作时间与平均工作量，三一重工可以借助此数据为客户的经营决策提供支持。

（四）手机产业大数据应用案例

小米公司基于全部智能设备的数据和个人"米 ID"对其手机用户建立个人全维数据的用户画像，用户数据越全面，用户画像就越清晰。基于个人全维数据的用户画像，小米金融可对用户提供消费类个人贷款、征信、投资理财服务，并且可为用户提供更为精细的个性化金融服务方案。云服务不仅仅是小米大数据存储方面的后盾，更重要的是为小米打造智能家居生态圈提供足够的存储支撑，所有家庭设备都会联网，这些数据都将存在云端。在大数据时代，互联网公司要想"连接一切"，比拼的焦点之一就是大数据，而小米拥有移动互联网全生态的数据，涵盖用户生活各个方面，包括 MIUI、智能家居、小米电商等数据。基于小米大数据，可以深度挖掘用户行为，理解用户习惯和爱好，定位用户需求，提供精准化的用户产品和服务。可以说，小米大数据的应用前景非常广阔。

第8章

iCity

智能城市大数据
基础设施体系

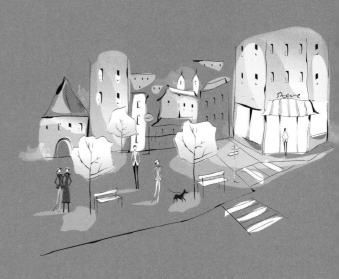

智能城市大数据基础设施体系建设，是指充分采集城市运行中产生的海量结构化和非结构化数据，汇聚到城市统一数据平台，形成城市基础数据库和综合数据库，其作用在于：①通过海量数据的关联、融合、清洗、处理、挖掘、分析等，获取智能的、反映客观规律的、有价值的数据信息，服务于城市政务、商业、管理服务等领域，提高城市决策辅助能力、洞察发现能力和流程优化能力；②促进其他产业的转型升级，带动数据采集、数据分析、数据交易等大数据产业发展，加快城市信息化、智能化发展；③集聚衡量城市大数据建设成效和发展水平的指数，建设大数据运维保障体系和安全保障体系，确保城市大数据基础设施安全稳定可靠运行。

智能城市大数据基础设施体系具体包括基础支撑体系、应用体系、产业体系、指数体系、运维保障体系和安全保障体系六部分（见图8-1）。

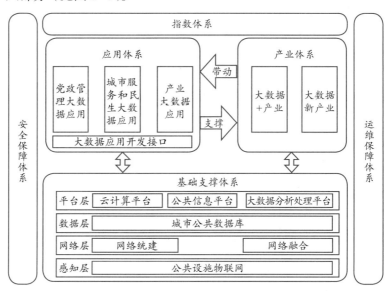

图8-1 智能城市大数据基础设施体系建设模型

通过对宁波城市大数据专题案例的研究与分析，宁波城市大数据研究项目组提出了大数据服务体系架构设计方案，从宏观层面上指明了架构所包含的基础支撑体系、应用体系、产业体系、指数体系、运维保障体系和安全保障体系六大体系的主要功能和设计思想①；与此同时，提出要确保大数据基础设施安全和数据自身安全。事实上，每个城市都有自己的特色，从文化景观到历史街区，从文物古迹到地方民居，从传统技能到社会习俗，如此种种形成了一座城市独特的面貌和文化。这就要求在智能城市顶层设计时，坚持以人为本的理念，将城市独有的人文特色融合至智能城市建设过程中，体现当地的特点。具体而言，尽管城市大数据基础设施体系的基本功能是相同的，但要构建适合城市自身特点的体系。

一、智能城市大数据基础支撑体系

（一）基础支撑体系内涵

智能城市大数据基础支撑体系主要指能够全流程支持城市大数据感知、传输、整合、分析与服务的信息基础设施体系，包括感知层、网络层、数据层和平台层。体系架构如图 8-2 所示。

（1）感知层主要通过物联网利用 RFID、传感器、摄像头、二维条码、遥测遥感、数据采集接口等传感设备和数据接入技术，实现对城市中人与物的全面感知，并以统一数据通道的形式对上层提供服务，支持将信息化"数字空间"与现实城市的"物理空间"缝合在一起。

（2）网络层主要包括无线网、电信网、互联网、广电网等基础网络设施以及通过网络融合形成天地一体化的基础通信网络，支持将物联网采集到的数据通过通信网络传输到后端。

（3）数据层主要是指公共数据库，包括人口基础数据库、法人单位数据库、空间地理数据库、宏观经济数据库等四大基础数据库以及各部门的业务数据库。

（4）平台层主要是指建立城市大数据服务平台，提供云计算服务、公共信息服务和大数据分析处理服务，支撑智能应用以基础数据库和业务数据库为数据来源，通过整合交换获取数据与信息，通过分析加工挖掘数据价值，

①　宁波城市大数据研究报告已于 2016 年 6 月上报至国务院。

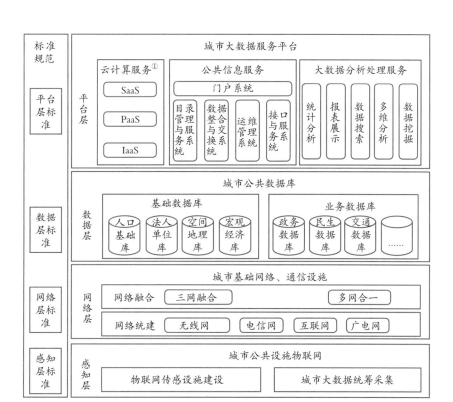

图 8-2　智能城市大数据基础支撑体系架构

最终提升应用的服务水平和协同能力。

（二）基础支撑体系建设思路

结合城市大数据的发展目标，加快推进公共物联网建设与三网（电信网、互联网、广电网）融合，支持更透彻的感知与更广泛的互联互通；同时，完善基础数据库和业务数据库，建立城市公共数据库，实现城市公共数据资源的集中与开放；另外，重点开展城市大数据服务平台建设，在云计算服务的基础上提供公共信息服务和大数据分析处理服务，实现数据的统一存储、实时交换和分析挖掘；最后，加强标准规范建设，确保大数据基础支撑体系下各个平台的有序规范运行。

---

① SaaS 为软件即服务，PaaS 为平台即服务，IaaS 为基础设施即服务。

二、智能城市大数据应用体系

（一）应用体系内涵

智能城市大数据应用体系充分利用城市运行中产生和沉淀的海量数据，在城市大数据基础支撑体系的基础上，通过跨部门政务数据的有效整合和共享，对海量数据进行广泛关联、深度挖掘、智能分析，提取城市中智能的、规律的、有价值的信息，形成具有提高城市决策辅助能力、洞察发现能力和流程优化能力的一系列大数据应用，包括党政管理大数据应用、城市服务和民生大数据应用、产业大数据应用等（见图8-3）。

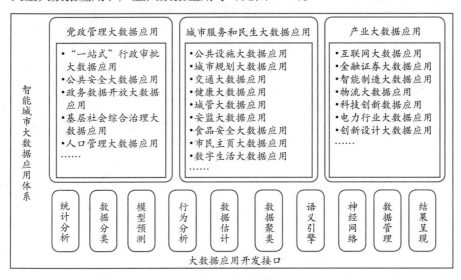

图8-3 智能城市大数据应用体系架构

（1）党政管理大数据应用包括"一站式"行政审批、公共安全、政务数据开放、基层社会综合治理、人口管理等大数据应用。

（2）城市服务和民生大数据应用包括公共设施、城市规划、交通、健康、城管、安监、食品安全、市民主页、数字生活等大数据应用。

（3）产业大数据应用包括互联网、金融证券、智能制造、物流、科技创新、电力行业和创新设计等大数据应用。

（二）应用体系建设思路

按照"大平台、聚数据、强关联、深挖掘、重应用"的总体思路，大力推进城市大数据应用体系建设。建立城市级的大数据整合共享云平台，打破政府部门行政数据纵向管理格局，通过统一汇集大部分政府部门政务信息，建立统一的政府数据管理服务中心，有效提升数据利用的有效性，盘活数据资源，将各种相关数据进行深度关联，各个部门的管理服务信息在具有同一身份编码的主体上进行叠加和关联。加快推进政务数据开放，集中攻克大数据关键技术和产品，发展大数据管理服务业务，进而有效带动技术产品、应用模式、商业模式和体制机制的协同创新，大力推进原始创新和集成创新，形成完整创新链条，促进产业发展向大数据创新驱动型转变。

三、智能城市大数据产业体系

（一）产业体系内涵

智能城市大数据产业体系包括三部分，其架构如图 8-4 所示。

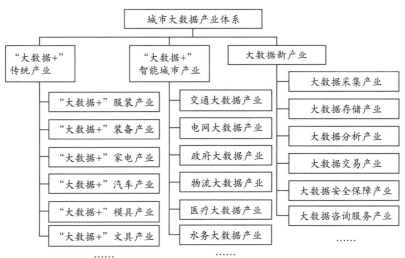

图 8-4　智能城市大数据产业体系架构

（1）"大数据+"传统产业：如服装、装备、家电、汽车等传统产业利用大数据产生的新发展模式和新业态。

（2）"大数据+"智能城市产业：在智能城市建设中，大数据将催生一些"大数据+"智能城市产业的新模式，支持智能城市的发展，如交通大数据产业、电网大数据产业等。

（3）大数据新产业：在大数据服务的过程中，将产生基于大数据服务的新产业，如大数据采集、存储、分析、交易等服务型产业。

（二）产业体系建设思路

智能城市大数据促进企业转型升级的思路如图8-5所示。企业是产业的细胞，其在运行过程产生海量数据，如质量大数据、客户大数据、设计大数据等，这些大数据又进一步促进企业的变化，是一个大数据逐步积累、企业逐渐转型升级的过程。在服务层，政府、第三方平台等提供的服务不仅能有效支持企业转型升级，也在服务过程中积累大数据，促进自身服务水平的提升。

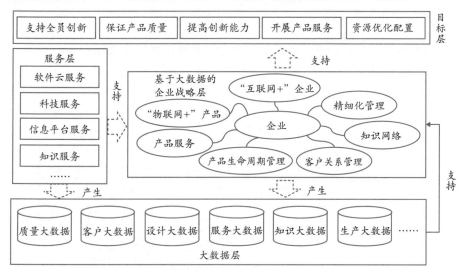

图8-5　智能城市大数据促进企业转型升级

智能城市大数据促进产业转型升级的思路如图8-6所示。许多传统产业具有块状经济区域特点，是一种产业集群。大数据促进产业转型升级的关

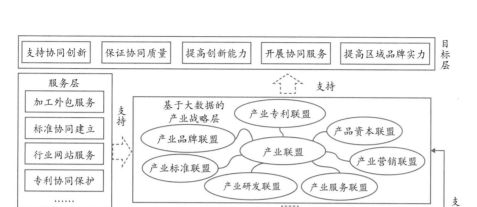

图 8-6　智能城市大数据促进产业转型升级

键是通过大数据帮助建立和管理各种产业联盟，协同创新、设计、制造和服务，保证协同质量，提高区域品牌的实力。

四、智能城市大数据指数体系

（一）指数体系内涵

智能城市大数据指数体系是以城市运行过程中形成的各类大数据资源为基础而建立的一套描述城市发展各个方面状态的相对数值体系。相对于传统的统计数据和指标，基于大数据分析的指数体系不仅能够更加准确、可靠、及时地反映城市系统的运行状态和趋势，还能够描绘出诸多原本无法呈现的社会经济和环境流动现象，为科学理性决策、精细化决策和市民生活提供便利。

智能城市大数据指数体系面向城市决策管理者、城市生产者和城市生活消费者三类主体，提供结构性的框架平台，分领域开放式构建指数，以指数引领城市规划、建设与发展，汇聚更多的智慧，实现更好的城市治理，解决城市发展问题。把城市管理者、各领域专家和公众的经验以及各种情报、资料和多元信息统统集成起来，运用数据挖掘、文本挖掘、模型挖掘、专家意见挖掘等多种科学和信息化手段，将多方面的定性认识上升到定量认识，再从定量的判断中得出对城市规划、建设与发展工作的定性指导。

（二）指数体系建设思路

通过搭建开放式大数据挖掘、分析和指数构建平台，营造一个开放性的数据融合、共享、创新和应用的良好生态环境。在这样一个环境中，能够从不同部门、不同行业、不同领域的数据和其他不同的要素中找到共通点，跳出单一部门的封闭圈子，将关注点从原来单一部门的业务需求转变为领域与行业的整体发展，提升整个智能城市的建设水平。同时，关注点由当期或近期的"时点"向长期发展的"时期"转变，将单个部门的业务发展扩展到宏观的城市经济和社会发展领域，将若干城市数据指标综合成为指数，以微观城市发展数据反映城市宏观和各行各业的运行态势与发展需求。

智能城市大数据指数体系应充分反映应用对象的需求，坚持实用导向。在指数设计和实施过程中，应以帮助政府、企业和市民做出科学理性决策为出发点，充分考虑不同社会主体对各类指数的需求的轻重缓急，充分理解不同社会主体对相同事务的不同解读方式，合理选择作为重点攻关对象的指数并做好近远期安排。

五、智能城市大数据运维保障体系

（一）运维保障体系内涵

智能城市大数据运维保障体系是确保运维主体依据运维标准、制度和规范，利用运维管理平台和其他运维管理工具，对城市大数据服务体系的基础环境、网络平台、硬件设备、基础软件、信息系统等实施运行维护、检修和更新，以实现城市大数据服务体系安全、高效、规范运行的要素之和，包括运维机构、机制、平台、人才、资金、标准、模式等。

（二）运维保障体系建设思路

智能城市大数据运维保障体系以大数据基础支撑体系、政府服务管理应用系统、产业行业公共服务平台为主要运维对象。通过优化设立运维机构，建立健全运维标准、流程和制度规范，开发建设运维管理系统和专用工具，加强人才培养和资金投入，采用多种运维模式，建成高效、灵活的运维体系，实现城市大数据服务体系安全可靠和可用可控。

六、智能城市大数据安全保障体系

（一）安全保障体系内涵

智能城市大数据安全保障体系是确保大数据基础设施能够安全、稳定运行，免遭恶意攻击，始终正常提供服务，确保大数据在采集、预处理、存储、分析及应用等环节不被篡改、泄露，用户隐私受到保护的要素之和，包括主机安全、网络安全、应用安全、数据安全、管理安全等。

（二）安全保障体系建设思路

智能城市大数据安全保障体系建设应从大数据关键基础设施、大数据应用及安全管理体系建设等方面入手，通过融入可信计算、细粒度访问控制、持续监控、威胁感知、威胁可视化等技术，实现对城市大数据平台的威胁发现及安全防护。通过加强信息安全人才的培养、安全技术的研究，为城市大数据基础设施体系提供持续高效的安全防护保障，确保其能够安全、正常、稳定运行。

第9章

i City

智能城市大数据
发展路线图

一、总体思路和发展原则

（一）总体思路

坚持创新驱动，以党的十八大确立的经济建设、政治建设、文化建设、社会建设、生态文明建设"五位一体"为总指导方针，以政府、社会、民生、市场应用需求为导向，以供给侧结构性改革为主线，围绕智能城市政府治理的精准、协同和高效，社会服务的精准便利和产业发展的转型升级，深化智能城市大数据在各领域的创新应用，推动智能城市建设和大数据产业协调发展，将智能城市大数据打造成智能城市"五位一体"建设和发展的新引擎。

（二）发展原则

（1）需求牵引、效益驱动。以城市政府管理，城市经济、社会、文化发展和市民的迫切需求为牵引，以城市信息环境和大数据建设的效益目标为驱动力，推动智能城市和大数据建设，更加突出智能城市建设和大数据应用的导向，提升市民和企业的获得感，使政府管理更加科学有效，促进智能城市建设走集约化、可持续发展道路。

（2）关注民生、发展经济。加强智能城市普惠式服务内容建设，切实缩小不同群体和区域的数字化、信息化和智能化的差距；推进城市大数据技术与传统产业深度融合创新，激励传统产业向知识型和智能型经济发展，催生大数据与传统产业协同发展的新业态、新模式，培育新的经济增长点，提升产业综合竞争力。

（3）统筹规划、分步实施。统筹规划和融合智能城市、信息经济和大数据产业发展行动，以应用需求为牵引，整合各类资源，总体设计工程项目、基础平台和支撑环境，构建城市大数据基础数据资源池和大数据基础支撑、应用、产业、指数、运维保障、安全保障六大体系，突出重点任务，综合解决重点问题，分阶段、分步骤实施发展行动，并不断对其进行动态优化和调整。

（4）政府指导、企业作主体。发挥政府管理城市的指导作用，调动市场主体积极性，加大政府的引导力度，率先进行政府数据资源共享、开放和应用示范。明确企业的市场主体地位，采取公共私营合作制（public-private partnership，PPP）、建设—运营—转让（build-operate-transfer，BOT）等多种模式，鼓励各类主体积极参与城市大数据开发利用的各个环节，形成政、产、学、研、用、资协同发展格局。

（5）安全规范、创新发展。强化信息安全责任意识，落实国家信息安全管理制度，明确数据提供者与使用者的责任。建立和完善相应管理办法，确保城市大数据共享、存储、分析、应用等全流程和全领域安全可控、可追溯。保护国家利益、企业商业秘密和个人隐私。创新智能城市建设和发展的技术路径与模式，结合各个城市的历史、文化、信息环境基础等条件，建设理念先进、特色鲜明和效益显著的智能城市。

二、智能城市大数据发展战略目标（至 2025 年）

智能城市大数据发展战略目标有如下几点：①夯实智能城市大数据发展的信息环境；②打破城市"数据孤岛"，构建政府、企业、民众和市场四位一体的城市大数据生态体系；③完善智能城市大数据建设、开放、共享和综合利用的法制保障和技术支撑体系；④运用大数据分析技术推进高水平决策和高水平应用，并促进城市大数据产业发展，支撑城市建设、政府管理和民生服务；⑤保障城市大数据安全。

在社会治理和民生服务方面，要协同智能城市建设与大数据开发利用，制定政府大数据集成、共享和开放的相关制度和标准，形成城市政务数据共享和开放政策体系，使信用、交通、医疗、卫生、就业、社保、地理、文化、教育、科技、资源、农业、环境、安监、金融、质量、统计、气象、海洋、企业登记监管等重要领域的公共大数据集合理地、适度地向社会开放，城市政府利用大数据在城乡建设、人居环境、健康医疗、社会救助、养老服务、劳动就业、社会保障、质量安全、文化教育、交通旅游、消费维权、城乡服务、社会信用、市场监管、安全监测、经济运行分析调控等管理方面更加精准、科学，使得行政绩效评估更加准确、行政管理流程优化。

在行业应用和产业发展方面，要使行业内数据采集和整合更加完整，跨部门、跨行业的数据进一步融合，行业大数据的知识发现和智能化服务的创新能力进一步提升，基于大数据的智能化服务水平进一步提高。在城市公共基础设施有特色的和重点发展的行业领域完成试点应用工作，并形成行业大数据建设、运维和指数发布发展体系。大数据开发利用在智能城市各产业中全面铺开，形成"大众创业、万众创新"的局面，扶持一批从事大数据业务的中小企业。突出大型企业的优势地位，在重点行业培育大数据应用示范企业，完善国内领先的行业大数据服务平台，培育国内领先、具有国际水平、辐射国内外的大数据技术、产品和服务龙头企业，产生一批新服务门类和新经济业态。

三、智能城市大数据发展主要任务

（一）夯实智能城市信息网络环境和智能城市大数据发展基础

1. 统筹推动智能城市大数据基础设施规划建设

智能城市信息环境的建设不仅仅是硬件基础设施的建设，还包括"软环境"建设，这其中一项重要的认识就是将城市大数据资源当作未来智能城市的"软基础设施"。在智能城市建设过程中协调发展"软环境"和"硬环境"，使智能城市的"灵魂"构建在一体化的智能城市信息环境之上。

智能城市的信息环境建设需要考虑城市发展阶段、人文特色和产业发展基础等因素，尤其需要完成以下任务。

（1）进一步加快环境感知网络和基础信息传输网络建设，实现包括4G网络在内的信息传输网络更大范围的覆盖。对于基础条件好的城市需要积极推进 5G 试验网络以及下一代互联网络建设，加快免费 Wi-Fi 升级与全覆盖，提高数据网络传输能力与覆盖范围。对于以工业见长的城市，需要加快在企业内构建工业无线网络环境，全面支撑智能制造、"互联网 +"协同制造发展。

（2）加快城市公共设施物联网平台建设，促进城市道路、地下管网、排水、照明、环保、建筑物等公共设施的感知设备布设与物联网建设，形成较完备的物联网传输和平台支撑环境。

（3）统筹政务数据资源和社会数据资源，进一步加大包括城市政务系统在内的各类数据资源的云计算中心平台支撑能力，优化城市数据中心功能，建立城市统一的数据资源共享平台，形成统一的数据资源共享体系。

2. 统筹规划建设政务大数据资源池建设

（1）完善相关制度和法规，明确政务数据资源共享内容、范围边界和使用方式，明确数据资源开放标准，厘清各部门数据资源管理及共享、开放的义务和权利，确立政府大数据资源向社会开放的制度和机制。

（2）整合政府部门各类共享数据资源，建成统一的政务数据共享资源平台，形成统一的政务数据共享目录体系和共享应用体系。落实公共机构数据开放制度和计划，实行数据资源统一汇聚和集中向社会开放。加快各地区、各部门、各有关企事业单位及社会组织信用信息系统的互联互通和信息共享，丰富面向公众的信用信息服务。

（3）按先易后难的次序，在保障信息安全的前提下，率先推进人口基础信息库、法人单位信息库、自然资源和空间地理基础信息库等基础数据资源共享。优先推动信用、交通、医疗、卫生、就业、社保、地理、文化、教育、科技、资源、农业、环境、安监、金融、质量、统计、气象、海洋、企业登记监管等民生保障服务相关领域的政务数据向社会开放。

（4）建立规范的大数据资源生成和采集机制，开辟数据资源采集渠道，以行政依法获取、企业自愿提供、网络专业抓取、定向有偿购买、传感自动收集等方式建立自动、精准、实时的大数据资源采集渠道，形成较完善的部门、行业数据资源库。

（5）采用 PPP、BOT 等模式，鼓励社会参与大数据开放平台的建设和运行，鼓励企业、行业和事业单位开放数据。

（6）积极推进政务和城市公共数据资源开放，加快城市大数据开放服务平台建设，面向全社会提供城市公共数据服务。

（二）构建智能城市大数据技术支撑体系

1. 构建智能城市大数据发展的信息技术支撑体系

智能城市大数据是新一代信息技术最好的试验场景，新一代信息技术也是实现智能城市大数据价值最重要的技术保障，两者是紧密耦合的。在构建智能城市信息环境和实现智能城市大数据的价值方面，需要从信息论的角度，构建城市信息的感知、传输、控制、存储和开发利用的一整套技术保障体系。优选成熟的信息技术，使智能城市建设快、见效快，并能保障开发出的适用于民生、政府管理和城市运行管理的所有信息系统能够获得最大化的"可获得感"。对于新型信息技术，可将其作为智能城市建设和信息资源开发利用的最直接的试验场，进一步挖掘其潜力。

2. 构建智能城市信息环境建设和智能城市大数据价值开发和利用的最优化技术路径

智能城市信息环境建设和智能城市大数据价值发展和利用是一项比较细致的技术选型工作。选择的技术路径不同，代表建设智能城市的代价不同。在智能城市信息环境建设和智能城市大数据价值开发与利用的过程中，不能"贪大图洋"，不能一味地上大系统、大平台、大项目，要因地制宜、因城而异。

每个城市有不同的发展现状和不同的历史与文化特色，经济和民生的发展需求也不尽相同。对于经济能力强、民生需求大、发展处于扩张期的城市，应有前瞻性地考虑未来五年乃至更长时间的信息环境建设的需求，有前瞻性地布局城市信息环境的基础设施和大数据资源集聚所需的条件；对于发展相对稳定、基础设施已经完善的城市，可以优化现有的信息环境布局，调整其信息环境建设的着力点，尽可能精细化、系统性地布局信息环境的技术基础设施；对于经济欠发达、社会和经济发展还需要加码的城市，应构建集约化发展的信息基础环境，通过小规模、有重点的布局，构建城市发展的基础信息环境。

同时，任何一个要建设智能城市的城市都要选择最优的技术解决方案，如选用包括边缘计算在内的新型智能城市信息环境建设的方案，进一步分散城市信息环境建设的风险和代价，使得支撑智能城市发展的基础设施能够得到优化布局，最大化地促进城市信息环境良性和可持续发展。

（三）构建智能城市大数据产业生态体系

1. 构建支撑智能城市大数据产业发展的全产业链体系

智能城市信息技术产业链分为上游的基础设施产业，中游的软件与系统产业，以及下游的应用与服务产业。

（1）基础设施产业是智能城市信息环境搭建的基础，包括芯片的设计和制造，传感设备、网络设备、传输设备、存储设备以及其他硬件设备的设计、生产、提供和安装。大型的设备提供企业能够提供全面的设备设计和生产服务，这些设备构成了智能城市的"硬"基础设施，是智能城市信息环境的"骨架"。

（2）软件与系统产业是智能城市信息环境搭建的关键。软件与系统产业针对特定行业的部门和企业提供专业的软件产品及解决方案。系统集成将零散的、单一的系统集成为统一的、可管控的、可利用的大系统；信息集成与传输将传感器等观测设备获得的数据进行整合，将其传输给计算机或数据中心；云计算和边缘计算提供数据的计算环境，向服务需求者提供所需的计算资源并输出其所需要的计算结果。这些软件系统构成智能城市的"软"基础设施，是智能城市信息环境的"血肉"。

（3）应用与服务产业是实现智能城市信息环境搭建的"最后一公里"，面向终端用户，结合不同用户的需求，提供各式各样的信息服务和信息产品，实现"人—机—物"的真正无缝融合，是智能城市信息环境的"灵魂"。

由于地域、人口规模、产业特色、文化传统等的差别，不同的城市在三个层次的产业基础上会形成不同的智能城市全产业链构建的解决方案。

2. 加强智能城市大数据产业特色体系的布局

根据 2014 年《国家新型城镇化规划（2014—2020 年）》公布的数据，我国 100 万以上人口的城市已经达到了 140 个，1978 年时只有 29 个。其中，具有 1 000 万以上人口的城市有 6 个，具有 500 万～1 000 万人口的城市有 10 个。京津冀、长三角、珠三角三大城市群，以 2.8% 的国土面积集聚了 18% 的人口，创造了 36% 的国内生产总值。但现在面临的生态环境压力和国际竞争压力在加大，需要调整优化、转型升级。该规划提出，在中西部资源环境承载能力较强的地区，要培育发展若干新的城市群，如成渝、中原、长江中游、哈长等城市群，使之成为推动国土空间均衡开发、引领区域经济发展的重要增长极。

由于我国各个城市发展的历史、现状和未来趋势，资源、环境、经济、文化水平，以及发展阶段的不同，在构建智能城市发展的大数据产业体系中，不能过度"同质化"，不能一哄而上，都上大数据项目。即使在布局大数据项目时，也要深度结合城市的人文特点、产业特点和地域环境特点，构建有自身特色的大数据产业布局体系，走有特色的城市大数据产业发展之路。

3. 深化大数据在工业领域的应用创新

（1）深入落实"中国制造 2025"战略，推进大数据与智能制造、"互联网＋"的融合创新，针对企业在生产、管理、营销、管控、产业链协同等环节的应用需求，鼓励企业以自身积累、广泛采集、行业联动、业务合作、有偿购买等多种途径获取有价值的数据。

（2）推动大数据在原材料采购、研发设计、制造、市场营销、售后服务等产品全生命周期、产业链全流程的应用，实现敏捷的一体化质量监测和管控，优化生产工艺和流程，分析感知用户需求，打造智能工厂，实现效益最大化。

（3）支持建设产业大数据公共服务中心，聚焦智能家电、新材料、智能装备等优势产业，重点推动区域性、行业性大数据中心平台建设，形成产业一体化数据基础支撑中心和产业综合应用支撑中心。依托有基础的科研院所，联合企业，探索政府监管、企业化运营、标准统一、开放服务的新型产业数据增值服务模式。在大数据支撑下，营造集众创社区、智能制造连接器、智能服务平台等功能为于一体的产业生态，帮助中小企业实现从大规模制造向大规模定制、从企业对客户（business to customer，B2C）向客户对企业（customer to business，C2B）的智能制造模式转型升级。

（4）鼓励企业在大数据系统支撑下实现产业重构和流程再造，推动工业产品向价值链高端跨越，推动制造商向服务商转变。

4. 提升大数据在服务业的应用水平

（1）鼓励应用大数据进行商业模式、服务内容和服务形式创新，提高行业服务水平。推动金融、商贸、物流、零售、外贸、电信等企业信息化的大数据改造，鼓励行业平台类企业发展。

（2）试点推进社会信用大数据在金融领域精细化管理、业务创新、风险管控等方面的应用，促进互联网金融业发展。

（3）试点推进商业大数据在商贸业、物流业的应用创新，发展基于大数据的智能仓储配送系统，鼓励商贸流通企业通过消费需求大数据分析，预测市场，制订生产库存计划。

（4）推动大数据在电子商务中的应用，充分利用电子商务中形成的大数据资源，为企业确定市场战略和政府实施市场监管、调控服务。

5. 推动大数据在农业领域的应用创新

（1）加快农业、农产品市场发展相关数据汇聚和共享，构建涉农大数据共享平台，提高各类"三农"信息服务系统的大数据分析和应用创新能力。

（2）积极利用物联网、卫星遥感等技术，加大农业气象、环境、耕地、水资源、基础设施等数据的采集力度，完善农业相关数据采集共享体系，利用大数据技术，建设农产品全球生产、消费、库存、进出口、价格、成本等数据分析系统，构建面向农业农村的综合信息服务平台，加强农业调查分析，提升预测预警能力，引导农产品生产。

（3）建立农产品生产生态环境、生产资料、生产过程、市场流通、加工储藏、检验检测等数据共享机制和数据交换平台，实现可查询各环节信息、可追溯来源、可追究责任。

6.利用大数据培育新的经济增长点

（1）进一步鼓励数据商品化。①加快体制机制改革创新，通过市场引导，扶持建立数据交易机构，支持各行业创建各类数据管理公司，推动商业数据、数据服务、数据资产市场交易，逐步形成商业数据市场交易环境。②加快数据资产化、商品化研究，制定数据交易范围、交易流程、交易标准和安全规则，出台相关管理办法，规范交易行为，探索建立安全、规范、可信的数据交易体系。③先行试点面向市场分析、产品调研、用户分析等应用领域的大数据衍生产品交易，激发市场需求，促进数据流通。

（2）加强培育发展大数据新业态。以大数据应用为牵引，以应用促进大数据产业化发展，以产业化发展推进应用，促进产业整合、变革和创新。加快推进信息惠民国家试点城市、国家信息消费试点城市创建工作，促进大数据技术和应用产业快速发展。①加强传统产业和战略性新兴产业中的大数据应用，鼓励各类产业基金将大数据产业作为重点扶持培育对象，鼓励社会各类风投基金培育发展大数据挖掘、存储、分析、交易、安全保障、咨询服务等大数据技术服务产业。②鼓励发展智能可穿戴设备、车载电子设备、移动APP等大数据终端产业，做大做强以大数据为主要内容的信息服务业。③扶持大数据挖掘、管理、存储、分析、安全、可视化等关键技术研发与关键设备产业化项目。④鼓励各类企业充分利用现有数据资源和应用平台，建设绿色环保、低成本、高效率的，基于互联网、云计算、物联网、大数据信息技术的行业大数据应用平台。

（3）加强融合创新与平台构建。①加快大数据与云计算、物联网、移动互联网等新一代信息技术的集成应用，鼓励和扶持研制适合大数据应用的硬件装备和软件产品。②鼓励创新大数据与云计算、物联网、移动互联网结合的新应用及其商业模式，推动产业链协同发展。③支持云计算、物联网、移动互联网企业参与政府的资源整合、开发和应用。④抢抓国家推动大数据发展的政策契机，以企业为主体，以市场为导向，加强政府、社会、企业的协调合作，促进产业链、创新链、资金链融合。⑤主动对接国家战略，建立一批技术攻关平台、共性基础平台、工程技术研究平台、标准检测平台和公共技术支持平台。⑥加大投入力度，支持自主研发大数据相关的核心产品和技术。

（四）创新智能城市治理发展模式

1. 推动政府监管方式创新

在促进城市大数据开放、共享与融合的基础上，重点完成以下工作。

（1）加快推进政府行政管理、公共管理、社会综合治理等领域的跨部门大数据应用体系建设，利用各类大数据应用平台，精准定位管理服务对象，多部门协同聚焦管理事项，促进政府监管精准度和效率的提升。

（2）促进政府简政放权，提高政府主动服务的能力。先行试点大数据在社会信用体系和市场监管体系建设中的创新应用，提升市场监管能力。

（3）推动大数据在社会综合治理领域的创新应用，整合信息资源，提高安全监测、综合分析、预警预测、辅助决策、群防群治能力，服务平安城市建设。

（4）推动大数据在政府行政管理中的创新应用，借助大数据技术，全面梳理政府职责，深化"四张清单一张网"管理工作，推进政府部门业务流程再造，促进政府简政放权、依法行政。

2. 完善经济运行分析决策模式

（1）建立全市经济运行监测分析大数据服务平台，建设企业情况综合数据库，按规模大小、区域分布、行业分布及所有制情况等维度对企业进行分类，创新综合性数据采集形式，完善数据采集网络。

（2）综合政府、社会、市场、互联网等不同渠道的数据，针对全市宏观经济结构平衡性、产业集聚度、重点行业发展状态、生产要素区域分布和流动、中小微企业竞争力等专题开展多维度、多角度、跨部门、跨行业的大数据分析研判，研发科学的经济分析模型，为政府决策、企业经营等提供准确的依据。

3. 创新城市公共服务方式

（1）结合智能城市建设和信息惠民工程，加快推进城乡建设、人居环境、健康医疗、社会救助、养老服务、劳动就业、社会保障、质量安全、文化教育、交通旅游、消费维权、城乡服务等领域的城市大数据应用。

（2）开发各类便民应用，优化数据资源配置，提升原有服务体系的跨系统、跨行业的大数据分析和应用能力，促进城市公共服务方式创新，实现一站式、一键式、精准化、智能化服务体验。

（五）推进供给侧结构性改革

1. 优化供给结构

（1）发挥大数据的牵引作用，深入实施科技创新战略，推动其与实体经济深度融合，促进产业结构向中高端迈进，塑造更多依靠创新驱动、发挥先发优势的引领型产业发展。

（2）运用大数据加快发展新经济，通过"大数据＋智能终端""大数据＋智能制造""大数据＋现代物流"等方式，培育壮大更多新产业、新业态、新模式。

（3）运用大数据改造提升传统产业，加快技术改造、流程再造、信息化建设等进程，着力提升传统产业竞争能力和综合效益。

2. 助力供求，"动态平衡"

（1）积极借助大数据技术，正确认识和把握市场规律，着力提升政府决策科学化、管理精准化、服务便利化水平。尤其是当前经济发展已步入新常态，政府应切实增强对工业、服务业、金融业等领域数据资源的获取和利用能力，更多地采集客观数据和运用大数据分析方法，实现对经济运行更为准确、高效的监测预警和研判分析，为实现供求"动态平衡"提供重要依据。

（2）大力推行"互联网＋政务服务"，围绕"数据多跑路，百姓少跑腿"的目标，努力打造全覆盖、全联通、全方位、全天候、全过程的服务模式，提升政府服务效率（陈清，2016）。

（六）构建智能城市大数据信息安全保障体系

1. 健全智能城市大数据安全管理标准及规范

（1）加快推进数据资源采集、管理、共享、交易等标准规范的研究和制定，明确数据的收集范围和格式，数据管理的权限和程序，以及开放数据的内容、格式和访问方式等。

（2）建立城市大数据跨境流动的管理办法。对城市大数据中涉及城市地理自然环境、工业经济能力和核心竞争力等事关国家安全的敏感数据资源流动进行监控，防止城市大数据跨境流动成为危害国家和城市安全的"信息通道"。

（3）加强数据安全和隐私保护等方面的法规、制度建设，确保涉及国家利益、商业秘密和个人信息等的数据资源受到合理保护。

（4）完善大数据基础设施安全保障技术标准，建立大数据安全评估体系和机制，赋予大数据平台信息安全防护、监测、预警和应急能力。

2. 加强智能城市大数据监管和数据治理

（1）加强数据安全测评、电子认证、应急防范等信息安全基础性工作，开展大数据平台可靠性和安全性测评服务，引导大数据安全可控和有序发展。

（2）加强大数据的风险管理和责任控制，有效保障数据采集、传输、处理等各个环节的安全，明确数据采集、数据传输、存储处理、分析应用、共享开放等各环节的责任边界，建立数据提供方和使用方的追责体系。

3. 增强智能城市大数据安全主动防御能力

（1）加强全局层面安全机制，制定数据控制策略，建设多重保护、多级互联体系结构，提高计算节点自我免疫能力，确保大数据处理环境可信，防止高级持续攻击。

（2）积极推动机关、事业单位和国有企业等采用自主可控的大数据产品与服务，提升基础设施关键设备的安全水平。

（3）围绕信息系统安全、基础设施安全、云平台安全、网络通信安全、数据安全、身份认证和管理等，开展全面系统的信息安全保障试点工作，形成最佳实践，并推广应用，发挥大数据的作用。

第10章

iCity

我国智能城市大数据
发展建议

2016 年 10 月，习近平总书记明确提出"建设全国一体化的国家大数据中心"的必要性："我们要深刻认识互联网在国家管理和社会治理中的作用，以推行电子政务、建设新型智慧城市等为抓手，以数据集中和共享为途径，建设全国一体化的国家大数据中心，推进技术融合、业务融合、数据融合，实现跨层级、跨地域、跨系统、跨部门、跨业务的协同管理和服务。"

2016 年，国民经济和社会发展"十三五"规划纲要明确提出"建设一批新型示范性智慧城市"。新型智慧城市作为智慧城市发展的新阶段，其本质和智能城市是一致的。城市大数据作为智能城市建设的重要抓手，是智能城市的战略资源、新工具、新方法和新途径。中国正在成为真正的数据资源大国，在巨大的数据资源中，80% 是政府大数据。大数据的核心价值在于利用分析工具实现对当前形势的科学判断和对未来形势的科学预测，为科学决策提供支撑与参考。当前，我国已具备天时、地利、人和的独特优势。为使中国智能城市大数据向高水平方向发展，特提出如下几点建议。

1. 加快推进智能城市大数据云平台建设，构建大数据安全保障体系和标准体系

加快智能城市大数据云平台的建设，推进城市内跨区域和跨部门信息资源的汇聚融合、分析处理、开放共享，提升城市在规划建设、公共安全、经济产业、医疗卫生等重点领域的智能化管理服务水平。构建城市大数据安全保障体系，加强大数据安全执法，形成常态化安全检查机制，以查促防，提升大数据信息安全保障能力，加强个人隐私保护，防止大数据被滥用、误用或盗用。构建并完善城市大数据标准体系，明确数据采集、分类目录、数据质量、交换接口等关键共性标准，以保障智能城市大数据发展更加合理规范。

2. 建立以智能城市大数据为基础的支撑决策系统，改革现有城市数据统计方法和体系

建议国家倡导实施包括大数据支撑在内的决策机制，即通过对大数据进行可视化分析、运算推理、判断，得出若干种可能性，供城市科学决策参考。针对现有城市大数据统计方法和体系准确性低、可重构性差、数据不够活化、数据量小、样本不充分、时效性差等不足，建议修改现有城市数据单一的统计方法，补充完善政务、产业和经济等各方面的统计指标，拓宽统计数据的类型和渠道，增加互联网和移动应用程序等新型数据源，通过统一的城市大数据平台实现数据的充分共享，从而提升统计数据的准确性、科学性、权威性和实时性。

3. 强化城市"一把手"工程，加快智能城市大数据建设步伐

当前我国城市的各种数据大多存在被条块管理体制分割成"信息孤岛"的问题，亟须对其分类、分级、集聚、融通，实现共享、应用。建议启动"一把手"工程，重点抓城市大数据融通，对数据进行分类、分级。由城市主要领导亲自挂帅组成智能城市大数据发展领导小组，由市政府各相关职能部门主要领导亲自牵头组成工作组，从项目投资、政府采购、法律保障、网络安全、标准体系等方面加强各领域的体制机制创新，保障智能城市大数据发展顺利进行；成立由相关科研院所、企业等领域专家组成的专家咨询委员会，提供智力支持和决策支撑；同时积极争取民众参与，进一步完善智能城市大数据发展的内涵，不断总结经验，确保智能城市大数据健康与可持续发展。

4. 建设智能城市大数据国家工程实验室，发挥引领示范作用

针对城市大数据融通共享不足、关键技术受制于人、创新应用匮乏等问题，建议依托在城市大数据研究和应用方面具备一定基础的城市，成立智能城市大数据国家工程实验室，围绕城市大数据融通共享和应用需求，重点聚焦于城市大数据融通共享和应用解决方案、相关研究人员和决策者的高质量培训、城市大数据核心技术突破、城市大数据支撑的公共决策和商业创新、解决城市基础问题的示范工程，培养创新团队和高层次创新人才，推动城市

大数据从汇聚融通到创新应用、从技术研发到产业化的快速落地，助力我国智能城市大数据的高效快速发展。

5. 加强智能城市大数据专业人才培养，提升创新创业活力

研究制定大数据专业人才发展规划，建立多层次的人才培养体系；鼓励在高等院校中重点培养具有计算机科学、城市管理、数据科学专业基础及大数据思维的跨专业复合型人才；鼓励在高等院校中设立大数据专业方向和相关课程，培养异构多源城市大数据管理、时空数据挖掘、跨媒体知识计算、人机协同智能计算、事件感知预测等大数据专业技术人才；鼓励高校、职校、社会教育机构、企业联合共建大数据实训基地，培育大数据应用创新型人才；甚至可以考虑从小学、中学就开始进行大数据启蒙、模块化等教育。响应"大众创业、万众创新"号召，加大创业资助力度和企业聚才支持力度，健全科技创新服务体系，吸引大数据领军人才、高层次人才创新创业，支持大数据企业引进专业人才和急需人才，积极营造事业召唤人才、人才发展事业的良好氛围。

参考文献

埃森哲，2015. 创新信息市场，实现智能城市价值挖掘 [R].

巴蒂，赵怡婷，龙瀛，2014. 未来的智慧城市 [J]. 国际城市规划，29（6）：12–30.

陈清，2016. 以大数据助力供给侧结构性改革 [N]. 光明日报，2016-12-24.

陈惠芳，徐卫国，2015. 大数据视角下医疗行业发展的新思维 [J]. 现代管理科学（4）：70–72.

范灵俊，洪学海，黄晁，等，2016. 政府大数据治理的挑战及对策 [J]. 大数据，2（3）：27–38.

工信部电信研究院，2014. 大数据白皮书（2014）[R].

工信部运行监测协调局，2016. 2016 年通信运营业统计公报 [R].

顾新建，代风，杨青海，等，2015. 制造业大数据顶层设计的内容和方法（上篇）[J]. 成组技术与生产现代化，32（4）：12–17.

顾新建，马步青，代风，2016. 基于大数据的知识共享方法研究 [J]. 知识管理论坛（1）：30–38.

郭歌，2014. 英国数据能力发展战略规划——充分利用数据，紧抓数据机遇 [EB/OL].（2014-02-28）[2017-03-16]. http://www.sic.gov.cn/News/251/2044.htm.

国家统计局，2016. 2015 年国民经济和社会发展统计公报 [EB/OL].（2016-02-29）[2017-03-15]. http://www.stats.gov.cn/tjsj/zxfb/201602/t20160229_1323991.html.

胡裕岭，2015. 反恐情指一体机制建设中的大数据应用 [J]. 江西警察学院学报（6）：42–46.

李伯虎，2016. 智慧城市的大数据研究与实践 [R]. 国际工程科技知识中心 2016 国际高端研讨会，北京.

李国杰，2013. 大数据科学问题研究 [EB/OL].（2013-05-28）[2017-03-20]. http://wenku.baidu.com/link?url=191rlpSlXJK6L3jDdDGS37TFqeeH9v36Sb KGZlQrpHvSGn26ivYnQWK4KHbH7l7fjCQlylcfTA9CdXdVlx9f3Fu_3yQE a3sdom64OItoPR7.

李国杰，2015. 对大数据的再认识 [J]. 大数据，1（1）：1-9.

李国杰，程学旗，2012. 大数据研究：未来科学及经济社会发展的重大战略领域——大数据的研究现状与科学思考 [J]. 中国科学院院刊，27（6）：647-657.

李仁涵，2015. 宁波城市大数据研究思路与方案 [R].

李颖，2014. 中国 IT 产业发展报告（2013—2014）[M]. 北京：社会科学文献出版社.

李喆，王平莎，张春辉，等，2014. 国内智慧交通总体架构建设模式分析 [J]. 交通节能与环保（2）：85-88.

林文彬，2012. 服饰业供应链变革之路 [EB/OL].（2012-06-06）[2017-04-20]. http://blog.csdn.net/infosyscn/article/details/7637294.

刘卫，2015. "湖北公安云"助破案件逾17万起，提供数据资源145亿条 [EB/OL].（2015-09-16）[2016-03-15]. http://www.hubei.gov.cn/zwgk/bmdt/201509/t20150916_718210.shtml.

刘小娇，2014. 浅谈营销中的数据互动 [J]. 阿里商业评论（3）：51-55.

卢鑫，2016. 美国联手 Alphabet 打造智能城市交通实时监控系统 [EB/OL].（2016-03-18）[2016-11-20]. http://money.163.com/16/0318/08/BIE64A8A00253CVK.html.

马朝辉，聂瑞华，谭昊翔，等，2016. 大数据治理的数据模式与安全 [J]. 大数据，2（3）：83-95.

明仲，王强，2013. 大数据助力智慧城市科学治理 [J]. 深圳大学学报（人文社会科学版），30（4）：36-37.

潘云鹤，2015. 提高城市建设智能化水平 [N]. 人民日报，2015-05-31.

秦萧，甄峰，2014. 大数据时代智慧城市空间规划方法探讨 [J]. 现代城市研究，4（10）：18-24.

商务部，2014. 欧盟大数据发展战略 [EB/OL].（2014-12-09）[2017-03-11].
　　http://www.mofcom.gov.cn/article/i/jyjl/m/201412/20141200826137.shtml.

舍恩伯格，库克耶，2012. 大数据时代：生活、工作与思维的大变革 [M]. 盛
　　杨燕，周涛，译. 杭州：浙江人民出版社.

宋晓明，2015. 美国怎么建设智能电网系统？[N]. 中国电子报，2015-07-14.

王德，钟炜菁，谢栋灿，等，2015. 手机信令数据在城市建成环境评价中的应
　　用——以上海市宝山区为例 [J]. 城市规划学刊（5）：82-90.

魏伟，2014. 李德毅：大数据是连接虚拟和现实世界的桥梁 [EB/OL].（2014-
　　04-03）[2017-03-19]. http://www.csdn.net/article/2014-04-03/2819123-
　　Cloud-BigData.

邬贺铨，2013. 大数据支撑智慧城市 [J]. 居业（2）：66.

吴志强，2015. 以流定形的理性城市规划方法 [EB/OL].（2015-08-03）
　　[2017-12-10].

吴志强，杨秀，刘伟，2015. 智力城镇化还是体力城镇化——对中国城镇化的
　　战略思考 [J]. 城市规划学刊（1）：15-23.

吴志强，叶锺楠，2016. 基于百度地图热力图的城市空间结构研究——以上海
　　中心城区为例 [J]. 城市规划，40（4）：33-40.

夏睿，2016. 谷歌实验室提供技术援助，为打造 16 个美国智慧城市 [EB/OL].
　　（2016-10-19）[2017-02-28]. http://www.leiphone.com/news/201610/
　　RrfMI5Hmi3U2aIAV.html.

徐匡迪，2016. 我对未来产业发展的一些看法 [EB/OL].（2016-01-29）[2017-
　　03-15]. http://hbhcj.cn/news/2016/0129/78735.html.

杨善林，2015. 汽车产业大数据 [R]. 中国工程院.

佚名，2012a. 维斯塔斯利 IBM 大数据分析实现"智慧风能" [EB/OL].
　　（2012-03-23）[2017-06-28].http://news.ccidnet.com/art/1032/20120323/

3709391_1.html.

佚名, 2012b. 借力盈飞无限 SPC 实现全球领先云计算质量管理 [EB/OL]
（2012-05-12）[2017-03-28].http://smb.chinabyte.com/320/12331820.
shtml.

佚名, 2015, 方案解决场景化, 日日顺大盈家开启定制化时代 [EB/OL].
（2015-10-30）[2017-06-30].http://news.volngbiz.com/constr/2015-10-
30/1446170575d2236206.html.

许庆瑞, 吴志岩, 陈力田, 2012. 智慧城市的愿景与架构 [J]. 管理工程学报,
26（4）：1-7.

张凯, 2015. 2015 美国投资 3.49 亿美元改造农村电网, 划拨 1700 万美元建设
智能电网 [EB/OL].（2015-07-30）[2016-11-22]. http://www.3snews.net/
foreign/245000039050.html.

张兰廷, 2014. 大数据的社会价值与战略选择 [D]. 北京：中共中央党校.

张山, 2016. 智能家居发展迅速市场渗透率将持续提升 [N]. 上海证券报,
2016-06-08.

赵珂, 于立, 2014. 大规划：大数据时代的参与式地理设计 [J]. 城市发展研究,
21（10）：28-32.

中国互联网络信息中心, 2016. 第 37 次中国互联网发展状况统计报告 [R/
OL].（2016-01-22）[2016-11-20]. http://www.cnnic.net.cn/hlwfzyj/
hlwxzbg/201601/P020160122469-130059846.pdf.

中国气象局, 2016. NOAA 全球预报模式升级为四维精细化提高 [EB/
OL].（2016-05-18）[2017-03-21]. http://www.zsqx.com/weather/
windowPortal!detail.action?archiveId=41404.

中国智能城市建设与推进战略研究项目组, 2015. 中国智能城市建设与推进战
略研究 [M]. 杭州：浙江大学出版社.

周润健, 2016. 我国成功研制出 EB 级云存储系统可满足大数据量存储落
地需求 [EB/OL].（2016-11-30）[2017-03-20]. http://news.xinhuanet.
com/ttgg/2016-11/30/c_1120023215.htm.

Antenucci D, Cafarella M, Levenstein M C, et al., 2014. Using social media to measure labor market flows [EB/OL]. (2014−03−01)[2017−03−22]. http://www.nber.org/papers/w20010.

Batty M, 2013. Urban informatics and big data: a report to the ESRC cities expert group [EB/OL]. (2014−12−15)[2017−03−22]. http://www.smartcitiesappg.com/wp−content/uploads/2014/10/Urban−Informatics−and−Big−Data.pdf.

Bays J, Callanan L, 2012. 'Urban informatics' can help cities run more efficiently [EB/OL]. (2014−07−01)[2017−03−21]. http://mckinseyonsociety.com/emerging−trends−in−urbaninformatics.

Ben−Akiva M, Lerman S R, 1985. Discrete choice analysis: theory and application to travel demand [J]. Journal of the Operational Research Society (4): 370−371.

Cox M, Ellsworth D, 1997. Application−controlled demand paging for out−of−core visualization [C]// Proceedings of the 8th Conference on Visualization, Phoenix, AZ, USA, 1997: 235−244.

Evans E, Grella C E, Murphy D A, et al., 2010. Using administrative data for longitudinal substance abuse research [J]. The Journal of Behavioral Health Services and Research, 37(2): 252−271.

Foth M, Choi J H, Satchell C, 2011. Urban informatics [C]// CSCW 2011 New York, USA.

Fujita M, 1988. A monopolistic competition model of spatial agglomeration: differentiated product approach [J]. Regional Science and Urban Economics, 18(1): 87−124.

Fujita M, Krugman P, Venables A J, 1999. The spatial economy: cities, regions, and international trade [M]. Cambridge: MIT Press.

Golbeck J, Hansen D, 2013. A method for computing political preference among Twitter followers [J]. Social Networks(36): 177−184.

ITU−T SG13, 2014. Future networks including cloud computing, mobile and next−generation networks (2013—2016)[S/OL]. (2014−09−20)[2017−02−27].

http://www.itu.int/en/ITU-T/studygroups/2013-2016/13/Pages/default.aspx.

Kitchin R, 2014. The real-time city? Big data and smart urbanism [J]. Geo Journal, 79(1): 1-14.

Kowald M, Axhausen K W, 2015. Social networks and travel behavior [R]. ETH-Zürich, Zürich.

Lepri B, Antonelli F, Pianesi F, et al., 2015. Making big data work: smart, sustainable, and safe cities [J]. EPJ Data Science, 4(1): 1-4.

Levinson D, Marion B, Iacono M, 2010. Access to destinations, Phase 3: measuring accessibility by automobile [EB/OL]. (2010-03-01)[2017-02-27]. http://www.cts.umn.edu/Publications/ResearchReports/reportdetail.html?id=1906.

Lin Y, Jessurun J, de Vries B, et al., 2011. Motivate: towards contextaware recommendation mobile system for healthy living [C]// 5th International ICST Conference on Pervasive Computing Technologies for Healthcare, Dublin, Ireland.

Ludwig Y, Zenker B, Schrader J, 2009. Recommendation of personalized routes with public transport connections [M]. New York: Springer.

Manyika J, Chui M, Brown B, et al., 2011. Big data: The next frontier for innovation, competition, and productivity[EB/OL]. (2011-05-01)[2017-03-20]. http://www.mckinsey.com/business-functions/digital-mckinsey/our-insights/big-data-the-next-frontier-for-innovation.

Pan Y, 2016. China's urban infrastructure challenges [J]. Engineering, 2(1): 29-32.

Pan Y, Tian Y, Liu X, et al., 2016. Urban big data and the development of city intelligence [J]. Engineering, 2(2): 171-178.

Picciano A G, 2012. The evolution of big data and learning analytics in American higher education [J]. Journal of Asynchronous Learning Networks, 16(3): 9-20.

Rae A, 2015. Online housing search and the geography of submarkets[J]. Housing Studies, 30(3): 1-20.

Reinhardt J, Miller J, Stucki G, et al., 2011. Measuring impact of environmental

factors on human functioning and disability: a review of various scientific approaches [J]. Disability and Rehabilitation, 33(23−24): 2151−2165.

Sasaki K, Nagano S, Ueno K, et al., 2012. Feasibility study on detection of transportation information exploiting Twitter as a sensor [C]// Sixth International AAAI Conference on Weblogs and Social Media, Dublin, Ireland.

Schroeck M, Shockley R, Smart J, 2014. IBM 研究院报告：大数据在现实世界中的应用 [EB/OL].（2014−11−20）[2017−05−12]. http://www.cbdio.com/BigData/2014−11/20/content_1914760_all.htm.

Sen A, Smith T E, 1995. Gravity models of spatial interaction behavior: advances in spatial and network economics series [M]. Berlin: Springer−Verlag.

Thakuriah P, Geers G, 2013. Transportation and information: trends in technology and policy [M]. New York: Springer.

Thakuriah P, Soot S, Cottrill C, et al., 2011. Integrated and continuing trans−portation services for seniors: case studies of new freedom program [J]. Trans−portation Research Record Journal of the Transportation Research Board, 2265: 161−169.

Thakuriah P, Tilahun N, Zellner M, 2015. Big data and urban informatics: innovations and challenges to urban planning and knowledge discovery[C]// Workshops on Big Data and Urban Informatics, Illinois, USA.

Wu X, Zhu X, Wu G, et al., 2014. Data mining with big data [J]. IEEE Transactions on Knowledge and Data Engineering, 26(1): 97−107.

Zhang X, Qin S, Dong B, 2010. Daily OD matrix estimation using cellular probe data [C]// Transportation Research Board 89th Annual Meeting, Washington, USA.

Zheng Y, Xie X, 2011. Location−based social networks: locations [M]. New York: Springer.

Zheng Y, Chen X, Jin Q, et al., 2014. A cloud−based knowledge discovery system for monitoring fine−grained air quality [R]. MSR−TR−2014−40, Beijing, China.

索　引
INDEX